五浦時代の岡倉天心を支えた人々 と
北茨城市平潟町の今昔

　岡倉天心は明治36年5月頃、飛田周山の提案で、勿来の浜から平潟、長浜の白砂を徒歩で五浦に至っている。日本美術院研究所の土地の購入では、周山の父飛田正、大津町の鳥居塚庄吉が対応している。
　六角堂棟梁は、小倉源蔵（平潟住）であり、横山大観（明治元年生）・下村観山（明治6年生）・菱田春草（明治7年生）・木村武山（明治9年生）の制作写真は、小峰写真館（平潟）である。
　これらの人々を、"五浦時代の岡倉天心を支えた人々"としてまとめました。

　北茨城市平潟町は、伊達政宗により、港湾の整備が開始され、河村瑞賢により、東廻船が確立し、江戸時代から栄えた歴史ある港町である、会津藩の白虎隊で知られる戊辰戦争（慶応4年）では、官軍の上陸港となった。「岡倉天心」が晩年（明治40年頃）に釣りを楽しみ、文豪「谷崎潤一郎」も青春時代（明治42年冬）に訪れた、文化の香りが残り、潮の香る港町でもある。

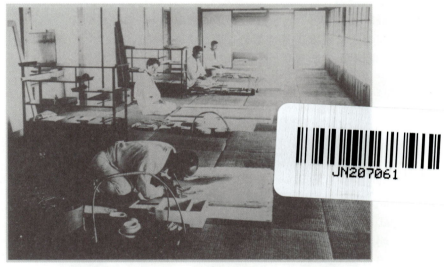

＊小峰写真館（明治36年～44年活動記録あり）による写真
（明治40年8月22日付の「いはらき」紙面）
横山大観（第1回（昭和12年）文化勲章受章者、水戸市生、手前から3人目）

2018年秋
茨城県北茨城市平潟町

環境計量士・熱管理士
小峰　隆次

目次

第1章　何故、飛田周山は、北茨城市大津町五浦を提案したのか　----------3
（1）飛田家（現磯原町）と小峰家（現平潟町）との関係　3
（2）勿来の浜から徒歩で、平潟町を経由し五浦へ　7
（3）大津町の鳥居塚家等が、土地購入に関係　10

第2章　何故、小倉源蔵は、六角堂の棟梁になれたのか　----------14
（1）「小倉源蔵」と「小峰家」との関係　14
（2）「岡倉天心」から「小倉源蔵」への仕事依頼　15
（3）小倉家から小峰家へのプレゼント：小倉家の証言　19
（4）「天心」から平潟への（橋本画伯絵画・記念碑・源蔵妻の実家）プレゼント　28

第3章　何故、小峰写真館は、四画伯の制作を写真撮影出来たのか　----------33
（1）小峰写真館を支えた、小峰　米之介の生涯（横須賀時代等）　33
　　　小泉又二郎（小泉純一郎元総理大臣の祖父）は仕事仲間（電報譯文も）
（2）西丸帯刀（木戸孝允に先生と呼ばれた勤王の志士）の写真も　40
（3）野口雨情（詩人）と西丸帯刀（野口家出身）：北海道経験の共通点も　42
（4）同時代に京浜工業地帯の埋立工事を完成した人々　44

第4章　平潟小峰家（屋号：ヤシキ）の歴史　----------46
（1）家紋（左三つ巴）の由来　46
（2）江戸時代（棚倉藩役人も）　49
（3）菩提寺：成顕寺（旧開山堂：元禄二年（1689）施主）　56
（4）お墓と屋号（白河屋、会津屋、福島屋）　59
（5）新井喜六郎（小出播磨守家来、本国父父旗本苗畠山）位牌の謎　60

第5章　北茨城市平潟町の今昔　（商港→漁港→民宿等へ）　----------63
（1）江戸幕府成立（1603年）前後の平潟（ヒラカタ）村　63
（2）江戸時代：江戸幕府成立後は、東廻海運の商港で発展　64
（3）明治元年（慶応4年）：官軍の平潟港上陸　70
（4）明治20年～45年頃：平潟の絵図・写真等多く残る　71
（5）平潟町の御舟祭り（常陸大津の御舟祭りに関連して）　78
（6）平潟小学校の変遷、市町村名の変遷　80
（7）第二次世界大戦（風船爆弾：平潟町長浜海岸）　86
（8）大正～昭和～平成（震災前）：漁港等への変遷　87
（9）平成（震災後）：北茨城市の津波被害は、茨城県で最大　89

終わりに　----------94

引用・参考文献　----------95

第1章　何故、飛田周山は、北茨城市大津町五浦を提案したのか

（1）飛田家（現磯原町）と小峰家（現平潟町）との関係

　「飛田周山」は、明治10年、現北茨城市磯原町で、飛田正、きよの一男二女の第三子として生れる。本名正雄。生家は農業を営み、父正は村会議員、野口雨情の父量平が村長の時に助役を務めている。明治22年、現高萩市松岡小学校を卒業。明治26年、上京する。
　「飛田家」と「小峰家」関係資料によると両家は、助役経験の共通項がある。

　①明治27年法事より
　　・徳本院法衆日敬信士（小峰平右衛門、嘉永元年2月4日没）五十回忌
　　・蓮光院法善日浄信士（磐城国横山家より養子、喜平48歳）十三回忌

　　　　大塚（現北茨城市磯原町大塚）より、　飛田孫平、飛田正の名あり。
　　　　久ノ浜（現いわき市久ノ浜町）より、　湯山高浩、湯山幸太郎の名あり。

＊周山は、少年時代に、父の飛田正に連れられ平潟に来た可能性大。飛田家との関係
　は、明治27年法事①から昭和8年葬儀⑤（小峰昌照：良亮の父）連絡まで、約40年
　間続いている。
＊昭和8年葬儀時⑤は、父正は没して、周山（東京住）に連絡(ハガキ)されている。
　周山と小峰家との直接の関係も推定される。

②明治35年法事より
- 進行院宗待日實信士（菊池十兵衛ノ三男養子、武左衛門）五十一回忌
- 乗船院法入日照信士（菊池十兵衛ノ四男、健次郎））五十回忌
- 蓮光院法善日浄信士（**磐城国横山家より養子、喜平**）二十一回忌

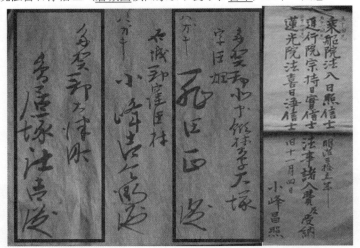

北中郷村大字大塚字田畑：**飛田正**、多賀郡大津町：**鳥居塚**庄吉の名あり。
　　　鳥居塚家には、小峰**平右衛門**の娘が嫁にいっている。
＊周山が、岡倉天心を五浦に案内時（**明治36年**）は、両家とは親密な関係にあり。

③明治44年葬儀（小峰幸）：小峰昌照の二女（明治24年生）

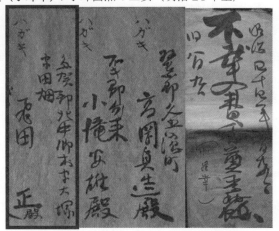

　　　小峰写真館に来場した、櫛田青年（軍人、岩城郡川部村）に見初められ結婚。朝鮮での産後の経過が悪く20歳で他界。昌照は、朝鮮まで渡り、遺骨と赤ん坊の対応に当たる。
　　　＊明治40年頃は、小峰写真館は営業していた。

4

③大正2年葬儀（小峰古満：昌照の妻）連絡

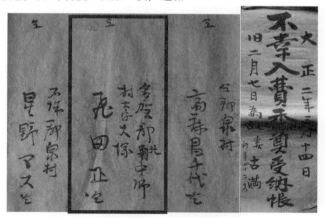

④大正13年葬儀（小峰藤：昌照の四女）連絡

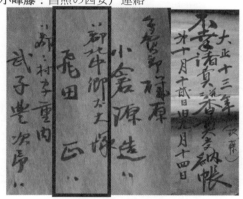

⑤昭和8年葬儀（小峰昌照：良亮の父）連絡

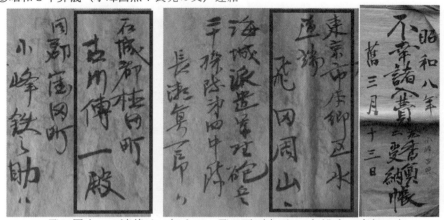

＊飛田周山への連絡は、初めて。飛田正（大正14年没す。享年82）
＊古川傳一（植田町長：昭和8年～21年、勿来市初代市長：昭和30～34、常磐共同火力勿来発電所誘致等）

実業功労者　飛田正
（天保14年(1843年)北中郷村大塚田畑生れ、大正14年（1925年）没）

　飛田正は大正2年1月4日、県会議事堂で、**実業功労者**として県知事岡田宇之助の表彰を受けた。飛田の最大の功績は、耕地整理事業であった。功績状も多くの言辞をもって耕地整理の業績を称賛した（‥‥着手してより11年の久しき、幾多の障害に逢うも挫折することなく、‥‥）。

　大正2年1月10日付「いはらき」新聞に「**北中郷村の生菩薩**」としてその経歴や実績を報じている。正は画家飛田周山の実父である。

　農業を営み、村会議員（明治22年～明治34年）や野口量平（野口雨情の父）が北中郷村の村長を勤めた4年間は、その助役に就いていた。

助役	村長
明治四〇・五・九　大正五・四・七　堀江亥之太郎 明治三五・四・二〇　明治四〇・四・二〇　豊田長作 （内自四一、三、七至同五、二以停職） 明治三二・四・二四　明治三五・四・二三　豊田長作 明治三〇・二〇・九　明治三二・四・二三　飛田正 大正二・一二・二四　大正六・一二・二三　近藤忠平 明治四一・一二・二五　大正元・二二・二四　近藤忠平 明治四一・四・二二　明治四一・五・二五　太田平　代理者 明治四一・一・二七　明治四一・四・二二　加藤復　職務等掌多賀郡書記 明治三七・四・二〇　明治四一・一・二七　緑川民太郎 明治三六・一・二九　明治三七・一・二六　野口量平 明治三六・六・二一　明治三六・一・二九　野口量平

岡倉邸の土地購入でも尽力
明治36.7.14　　柴田すゑから　　買入
明治36.8.01　　岡倉覚三に　　　売渡

（２）勿来の浜から徒歩で、平潟町を経由し五浦へ

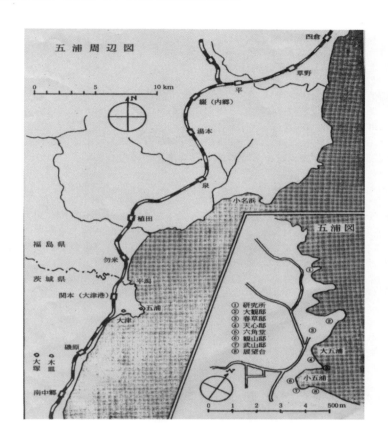

*飛田周山談（斉藤隆三著「日本美術院史」―「五浦移転」より　創元社　昭和19年）
「その晩は平に一泊しまして、翌日目指して来た草野とふ海岸にお伴をしましたがこれは一面の白砂青松、唯今で帰ろうということになったので、私は、私の郷里の近くに**五浦**といひまして、五つの浦を為して居る所で、人里から全く離れた隠れた景勝の地があると申しましたら、それでは帰りがけにそれを見ようといふことで、綴（内郷）の駅で汽車を降り、**勿来の浜から、平潟、長浜の白砂を徒歩で悠々と運び、草を踏み分けて、五浦の地まで**やって来ました。前面は怒涛躍る荒海、背面は松の生ふる丘陵の起伏、それに囲まれて先生のお邸になりました千三百坪だけが唯一つの平台で、海に突出して居りました所、＊**柴田善作（稲作）**という人が初めそれを見つけ出して……。其処に先生が来て見るなり中央の草原にドッカと腰を下ろし、これはよろしい、ここにきめます、飛田サン、スグに此処を買って下さい、という始末、之には全く面喰らひました。――――― 」

＊柴田稲作は、明治21年6月没（享年69）。共に現北茨城市**磯原町**住、**絵画で面識あり**とされている。

特集 【五浦と天心】 祖父天心と五浦　岡倉古志郎　　五浦の発見に下記の記述あり。
　　　＊　日本ナショナルトラスト「自然と文化　第１号　（45・4・1）」
「それとも、一説のように、大五浦を見下ろす岩の上で、しきりに「ここにしましょう」
と勧告した案内役の飛田画伯の熱心なすすめが物をいったのであろう、しかも、飛田画
伯にはほど近い平潟の紅灯の港に相思相愛の女性がいて、もしも五浦に定着せんか、す
こぶる地の利がよいとする動機があったためなのであろうか。」

　飛田画伯は、「平潟に精通」が推定されます。これは、父「飛田正」と「平潟屋敷」の
関連も挙げられます。飛田画伯が「平潟屋敷」（平潟本町）で休憩の可能性も浮上した。
平潟本町は、勿来の浜から五浦に至る場合は、必ず通過する中継点である。
　昭和年６年小峰昌照葬儀には、飛田周山（東京市本郷区）に連絡が行っている。父正
は、大正14年没。周山自身も小峰家と深い関係が推測される。

　尚、祖父岡倉天心　岡倉古志郎（平成１１年発行）　　「五浦の発見」は、以下の通り。
「最初に見たのは福島県の草野浜である。草野浜は平の北方にある海岸で「いわき七浜」の
１つ、南北十キロ余の松林を背にした壮大な砂浜である。天心は平駅から人力車を駆ってこ
の浜に向かったという。だが、天心はここが気に入らず、その帰途勿来駅で下車し、平潟か
ら海岸づたいに五浦にやってきた。そして、いま六角堂のある突端と小五浦をはさんだ対岸
の岩山にのぼり、その上から大五浦を俯瞰してここに一決したといわれる。
だが、じつはもう１つ候補地があったのであって、それは大津港南方の磯原海岸である。こ
こは詩人野口雨情の生地でもあるが、文字どおり白砂青松の海岸である。………。」

　岡倉一雄『父岡倉天心』平成25年岩波書店復刻版では、現地案内人として鳥居塚青年が
登場している。福島県の草野浜を確認後、現北茨城市大津港駅下車し、大津町の八勝園旅館
に投宿し、附近の景勝地を探査している。

（追記）日本美術院研究所（蛇頭）に野口雨情も明治３６年頃来ていた
＊以下は、雨情（野口雨情顕彰会誌）、誕生120年記念特集号（第３号）（平成14年）より
　明治３４年８月□日、雨情は平潟町の蓬莱館（本店は現高萩市高戸海岸にあった）で、書飯を
している。この時の様子を、随筆「書飯旅行」として残している。この一部を抜粋する。
「………、４人は、磯原駅下り２番汽車で、目的地の下車駅は次の関本、それから徒歩で、
平潟へ行って東の薬師、西の八幡を始め其の他の12か所の各異なった風景を見物して、遅
くとも上りの最終列車までには磯原へ逆戻りという相談の書飯旅行は即ちこれだ。………、
薬師寺より平潟の全景を眺む、風光明媚、怒涛去来して厳根を嚙み飛沫布を引いて天然の荘
厳と書す　眺望飽くことを知らず。……　　」
　明治３６年１０月１２日には、磯原に戻って農業をしていた事が手紙で確認されている。
　随筆「蛇頭に登る」の一部を抜粋する。
「台水君と平潟に別れ、水郷松郷君と共に五浦に至り蛇頭に登る。-波涛―厳腰を廻りて白
沫布を引き、海面遠く夕陽を浴びて風光荘厳なり。わが家落魄して、われ故郷に帰り野人と
なり漁郎となり労働者となる。…………」
２つの随筆より、明治３５年前後には、平潟を経由で、五浦探索がされていた事が分かる。

＊飛田周山が岡倉天心を「五浦」に案内した当時の「平潟」・「「五浦」
明治35年頃　「勿来みやげ」より

　明治34年に、海岸線（現、JR常磐線）が「いわき平」まで1本化され、避暑地・海水浴地として賑わいだす。関本停車場は現大津港駅。1里は約3.9ｋｍ、1町は約109ｍ。

（3） 大津町の鳥居塚家等が、土地購入に関係

　「五浦六角堂」周辺の土地の購入には、「鳥居塚家」（現北茨城大津町）も関係。
　「鳥居塚家」（鳥居塚お墓には、小峰家よりの墓碑あり）には、「平潟屋敷」から嫁
に行っている。

明治38年4月（旧3月）葬儀、小峰 いと（米之介の母、喜平の妻）【焼香指名】25名、

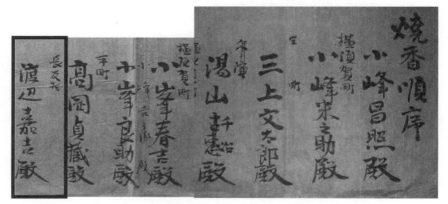

＊長友村「渡辺嘉吉」（渡辺家は、笠間藩の名主頭：いわき市史）は、「小峰　良亮の妻」の実家。

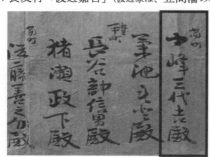

＊当町「小峰三代吉」は、
　「小倉源蔵の妻」の実家。

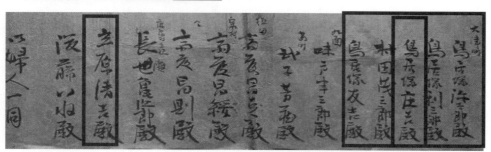

＊大津町「鳥居塚家」は4名で多い。土地購入者「鳥居塚庄吉」の名もあり。
　父岡倉天心（岡倉一雄著）、「五浦」を案内した「鳥居塚青年」は、「鳥居塚敏之輔」（庄吉の子）。
＊北中郷村字大塚「飛田正」の名が見られないが、「ハガキ」の連絡あり。村長「野口量平」の現職中の
　死亡後も、助役中で焼香に参列できなかったと推定。

10

【岡倉覚三の土地購入の流れ】主な関連人物

① 岡倉邸　　柴田すゑ→明治36.7.14 飛田正　　　→明治36.8.1　岡倉覚三
② 岡倉邸隣接地　大山玉吉→明治36.7.09 鳥居塚　　→明治36.8.1　岡倉覚三
③ 美術院研究所附近　明治37.1.23 星野太エ門　　→明治37.1.23　岡倉覚三
④ 岡倉邸隣接地　　明治35.2.06 鉄庄平　　　　　→明治38.6.1　岡倉覚三
⑤ 岡倉邸隣接地　野崎源蔵→明治39.5.17 鈴木常三郎　→明治39.10.19 岡倉覚三

＊岡倉覚三が、明治39.10.19(最後)に購入仲立ち人は、鈴木常三郎である。
　調査で平潟町在住が判明。明治15年葬儀（小峰喜平）にも焼香あり。
＊大津町では、鉄家（鉄米吉）、村田家（村田久平）の焼香あり。

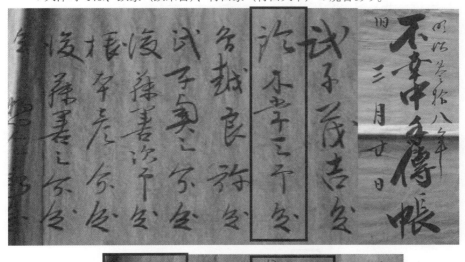

＊焼香順に、「鳥居塚庄吉」はあり、「飛田正」は、記載されてなかったが、連絡はいって
　いた。

＊常陸多賀郡史（198〜207頁）

北中郷村

助役					村長					

村長（右→左）
- 明治三三・六・二二　明治三六・六・二一　野口量平
- 【明治三六・六・二三　明治三七・一・二九　野口量平】
- 明治三七・四・三〇　明治四一・三・七　緑川民太郎
- 明治四一・四・七　明治四一・四・二二　加藤復（代理者　職務管掌多賀郡書記）
- 明治四一・五・二五　太田平
- 明治四一・二・二五　大正元・二・二四　近藤忠平

助役（右→左）
- 大正二・一・二四　大正六・一・三　近藤忠平
- 【明治三四・一〇・一〇　明治三六・一〇・九　飛田正】
- 明治三九・四・二四　明治四二・四・三三　豊田長作（内、四一・三、七至同五、二六停職）
- 明治四三・五・四　明治四五・四・二〇　豊田長作
- 明治四五・五・九　大正五・四・二七　堀江亥之太郎

飛田正：村会議員2級（明治22年〜明治34年）

大津町

町長（右→左）
- 明治二二・八・三二　明治三一・九・二　西丸健夫
- 明治三一・九・三　明治三三・三・二三　大内均
- 【明治三三・五・八　明治三五・八・二六　西丸佐太郎】
- 明治三六・九・六　明治三九・九・五　近藤忠平次
- 明治三九・九・六　明治四一・九・五　伊藤篤
- 明治四一・九・二　明治四三・八・三〇　俵金太郎
- 大正四・九・二三　俵積

助役（右→左）
- 【明治三五・二・二四　明治三五・二・二五　鳥居塚庄吉】
- 明治三八・九・六　伊藤篤
- 明治四二・九・六　永山富士太郎
- 明治四三・九・二九　大正二・九・二六　永山富士太郎

鳥居塚庄吉：町会議員2級（明治22年〜明治40年）

平潟町　町長

- 明治二二・六・一　明治二六・五・三一　菊池半兵衞
- 明治二六・六・一　明治三〇・六・二　小松紋兵衞
- 明治三〇・六・三　明治三三・五・一　武子利太郎
- 明治三三・一〇・三一　明治三七・一〇・二一　菊池半兵衞
- 明治三七・一一・二一　明治三九・八・三一　後藤善三郎
- 明治三九・一一・二一　明治四三・一一・二〇　菊池半兵衞
- 明治四三・二・二二　大正二・一二・二二　後藤善三郎
- 大正二・一二・二一　大正一二・二・一〇　鳥越道雄
- 大正一二・二・三　大正一〇・一・二二　鳥越道雄
- 大正一〇・二・七　目下在職　鈴木盛之助

平潟町　助役

- 明治二二・十・一　明治二六・六・三〇　武石勘左衞門
- 明治二六・二〇・四　明治三〇・九・四　金成平兵衞
- 明治二九・四・六　明治三〇・九・二一　佐藤治作
- 明治三〇・二二・二七　明治三〇・九・二一　鈴木秀輔
- 明治三〇・二一・四　明治三九・二一・三　後藤和三郎
- 明治三九・四・七　明治四一・四・六　小峯昌照
- 明治四一・四・三〇　明治四五・四・二九　鳥越道雄
- 大正元・八・三　大正二・二・二一　鳥越道雄
- 大正四・二・二二　大正八・二・三三　小田切信吉

＊小峰昌照　明治 28.4.17〜明治 34.4.16　平潟町議員（2級）

選挙権・被選挙権者、満 25 歳以上の男子で直接国税 15 円以上を納める者（明治 35 年から 10 円以上、大正 9 年から 3 円以上、昭和 3 年から納税要件は撤廃、昭和 21（1946）年から 20 歳以上の男女）

第2章　何故、小倉源蔵は、六角堂の棟梁になれたのか

（１）「小倉源蔵」と「小峰家」との関係
　　①小倉源蔵とは如何なる人物か
　　　　父：小倉　乙次郎、　本籍：多賀郡櫛形村大字伊師本郷
　　　　母：　　たき　　　　本籍：群馬県上野国山辺郡幸田村
　　　　長男として、慶応元年（1865）２月11日生
　　　明治38年8月17日　　転籍：多賀郡平潟町352番地
　　　【妻】「小峰　きよ」　本籍：多賀郡平潟町239番地
　　　【子供】：二男二女、長男は明治25年3月生（4人とも、【妻】本籍地で生）
　　　＊【平潟】　明治4年：多賀郡平潟村、　明治22年〜：多賀郡平潟町、
　　　　昭和31年〜：北茨城市平潟町　　昭和41年4月1日市条例により地番変更
　　　＊明治25年（1892）は、【源蔵】27歳で、平潟町で活躍が推定される。
　　　　　（平潟町本町で大火発生：明治21年、【源蔵】23歳）

　　＊　明治34年、小峰家新築（小峰　昌照）、棟梁：小倉源蔵（36歳）

＊昭和40年頃の写真

＊昭和55年の新築工事で発見、源造（戸籍は源蔵）である。

14

（２）「岡倉天心」の「小倉源蔵」への具体的仕事依頼内容

　①岡倉天心邸の建築依頼（明治 38 年）

　　＊下記資料は、「茨城大学五浦美術文化研究所報　第 11 号、1987 年より」

1　明治三十八年　　　小倉源蔵あて　　契約書見本

　　　　家屋建築ニ付約束之事

一　木造家屋建坪六拾弐坪二分五ノ外ニ　物置小屋八坪（但し別圖の

　如し）　畳建具（ガラス除き）

　右旧来の建物材料ヲ使用し　代金凡七百五拾円ト見積り　引受建

　築致候事

　但如何成場合ニても　金八百円ヲ超加不致事

一　代金ハ着手の時三百円　建前の時弐百五拾円　悉皆出来の上　弐

　百五拾円申受候事

一　出来期限ハ可成六拾日間ニ出来仕候事　但延期候共廿日以上相掛

　不申候

2　明治三十八年五月十八日　小倉源蔵あて　　為替送状

封筒表　茨城県多賀郡平潟町百三十番

　　　　　小倉源蔵殿　親展

　　　　　書留

　書留シール（書留　谷中三崎町　339）

　受信局スタンプ（平潟　世八年五月十九日）

封筒裏　東京下谷区谷中初音町四丁目廿番地

　　　固　岡倉覚三

・発信局スタンプ（□□□五□□八□）

別紙為替　金参百円送り申候ニ付　早速家屋着手ヒ下度　猶期限通

必ス相運ひ候様　呉々も御頼申候

　五月十八日　　　　岡倉

小倉源蔵殿

②六角堂の棟梁も小倉源蔵（大工平潟住）

茲に明治参拾八年六月吉辰　常陸国大津町五浦の
海に面して六角形観瀾亭子壱宇を造立す

主人天心居士　大工平潟住小倉源蔵

六角堂
多様な文化をひとつの建物に

太平洋に臨む岸壁の上に立つ、天心遺跡のシンボル。この建築には三つの意図が込められているといわれています。まず、杜甫の草堂である六角亭子の構造、つぎに、朱塗りの外壁と屋根の上の如意宝珠は仏堂の装い。そして内部に床の間と炉を備えた茶室としての役割。つまり六角堂には、中国、インド、日本といったアジアの伝統思想が、ひとつの建物全体で表現されているのです。東日本大震災の津波により流失、国の復旧予算に加え、多くの方々の寄付金によって、一年後の平成二十四年に創建当初の姿で再建されました。

＊文字を拡大

　太平洋に臨む岸壁の上に立つ、天心遺跡のシンボル。この建築には三つの意図が込められているといわれています。まず、杜甫の草堂である六角亭子の構造、つぎに、朱塗りの外壁と屋根の如意輪宝珠は仏堂の装い。そして、内部に床の間と炉を備えた茶室としての役割。つまり六角堂には、中国、インド、日本といったアジアの伝統思想が、ひとつの建物全体で表現されているのです。

　東日本大震災の津波により流失、国の復旧予算に加え、多くの方々の寄付金によって、一年後の平成２４年に創建当初の姿で再建されました。

③日本美術院研究所建設等について（明治３９年後半）

　明治39年6月15日に大観・春草・観山・武山の四画伯が、別荘建築の為に、五浦に来る。その後、直ちに建設工事に着手されていない。四画伯には、個別の事情があり、移転決定(建設工事開始)は、8月に入ってからである。画家たちは11月9日、家族を伴って五浦に転居した。美術院研究所の完成は、建築が遅れ12月中旬になった。

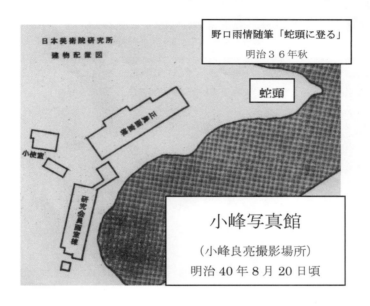

　建設当時を「小倉源蔵の長女、島田きち」談より
　五浦の研究所のあたりは山だったものを、明治さんという**平潟**の人が崩して、そのあとへ建物をたてたものです。弟子4,5人と下働きの人で10人ぐらいもいましたでしょうか。多勢でかかって順々に作ったものです。
　一食に一斗の米を炊いていたというような話もありましたから、多い時は相当の人数がいたものと思います。その頃の五浦は不便で、平潟から歩いて五浦に行きますが、狐が出るさびし所でした。**研究所の工事**と同時期に、大観、春草、観山、武山の**住居の工事**もあり。

　明治４０年でも、大津町への往来には、農道にすぎぬ峠道を上り下り。当時の県知事が馬車通行道路を建設しようと緊急予算を計上した。だが、天心はその好意を深く謝しながら、この五浦の仙境に俗塵の入るは耐えがたいとこれをつよく辞退している。
建築資材の調達を含めると、難事業であったと推定され、当時の関係者の努力に感謝です。

④横山大観よりの再建築依頼

五浦大観邸：横山大観伝（茨城県編纂、昭和34年）より

大観邸は、明治41年9月11日、風呂場から出火して全焼した。

東京に引き上げた大観は、家屋の再建築を決意し、その相談のため、小倉源蔵を招いた。

＊下記資料は、「茨城大学五浦美術文化研究所報　第11号、1987年より」

> 4　明治四十二年十月十三日　小倉源蔵あて
>
> 封筒表　常陸國多賀郡平潟町（大工職）
> 　　　　小倉源蔵殿　至急
> 発信局スタンプ（下谷）41・10・13　后6～7
> 受信局スタンプ（平潟口）十月十四日　イ便
>
> 封筒裏　東京下谷区茅町二丁目十九
> 　　　　横山大観
>
> 先日はいろいろ有難く存申候　五浦へ又拙宅新築仕り候ニ付　御相談仕り度　御都合にて此手紙着次第御上京ヒ下度　御依頼申上候　旅費ハ当方ニテ持チ候間　兎に角御上京ヒ下度候
>
> 　　十月十三日
> 　　　　　　　横山大観
> 　　（下谷区茅町二丁目十九番地　上野停車場より直ニ　不忍辨天ヲ
> 　　抜けて長イ横ヲ渡りてつき当り右へ　三軒目の二階家ニ御座候
>
> 小倉源蔵殿

＊平潟の豪商安満屋（菊池半兵衛）には、**横山大観の礼状**があり、**火事見舞いに対するお礼**とお詫びの手紙である。（ノスタルジック平潟　今昔物語（その2）　菊地半さん、びばじょいふる　1992年　11月号）

＊塩出英雄
「五浦」
昭和45（1970）年

(3) 小倉源蔵の遺族からの小峰家へのプレゼント

有名な写真「四画伯揮毫図」が掲載されたのは、1907（明治40）年8月22日付け「いはらき」紙面である。

＊この再調査起点は、小倉源蔵の遺族からの証言を後藤末吉（茨城大学名誉教授）が既に２０年以上前に指摘し、同大五浦美術文化研究所で紹介されている事による。

「茨城新聞」の担当者(佐川友一さん)も、経過を調査し不明点が多く、2007（平成19年）年初夏に数度、小峰家に調査に来場された。この時は、**西丸帯刀翁からの写真依頼（明治40年7月28日、郵便はがき日付）**も提示できず、飛田周山との関係も説明できなかった。残念であったが、今回は、具体的な物証を整理できた。

＊「小倉源蔵の遺族の証言」と「小峰写真館」の実績（39ページ等）より、「伝承レベル」から「小峰良亮」撮影で確定レベルになった。

文字の拡大と編集

地元写真師 撮影か

「五浦の画家たち」制作風景

新証言「祖父のもの」

「あれは祖父が撮ったもの」―。明治期の後半、日本画の団体、日本美術院が五浦（北茨城市）に研究所を置いたころの下村観山や横山大観ら四人の画家が画室でそろって制作に励む場面の有名な写真。その出所について、地元同市内でこのような「言い伝え」を今に伝える家がある。写真は一九〇七（明治四十）年のはらき（現・茨城新聞）の紙面に載ったというのが通説で、新証言は具体的な撮影者は誰なのかをめぐって検証課題となっている。

「ある写真はおじいちゃんが撮った、祖父の弟や母が聞いたことがある」と話すのは、同市平潟町の主婦、小峰昌弓さん（五八）。小峰家では、昌弓さんの祖父の元写真師、良亮さん（一八六一～一九三六年）が四人の画家の制作風景写真を撮影したという話が伝わっているという。

この「小峰良亮さん撮影説」は一般には知られていないが、既に二十年以上前に後藤・茨城大名誉教授が指摘し、同大五浦美術文化研究所の所報で紹介している。

後藤名誉教授は「（岡倉天心の）六角堂を手がけた平潟（町）の建築工、小倉源造の遺族に、源造の縁戚筋にあたる人がいた」という。あの写真を撮影し小峰家にあるという話をうちの一人にひると、画家の夫人から。

小峰家には、良亮さんが五浦の美術院研究所を何度も訪問し、画家たちと接触していた事実をうかがわせるエピソードが幾つか伝わっている。例えば約束の時間に遅れてしまったら…画家さんの中の一人にひると、画家の夫人から

五浦の画家たちの
制作風景の写真の
小故・線影者との関係があるの
提小写真
供幡きをく
　良残提
　善しぐ民たも

が自然な解釈である。

ただそれ以上の経緯については不明な点が多い。現在、五浦時代の制作風景写真で存在が確認されているのは、この一点のみ。なぜほかに存在しないのか。なぞに包まれている。

実は同じ写真が、岡倉天心死去の際のいばらき書房（一九二三年大正十二年九月八日付）にもう一度掲載されている。このことは、「ベストショット」だったとみられると同時に、ほかの図柄はもともと存在しなかったともうかがわせる。

写真はいばらきの写真部カメラマンが撮影したのか、その実際の撮影者は小

幡だ。クレジットに「本社写真部撮影」とあると、新聞社のカメラマンから、

画伯揮毫図」として載った「日本美術院に於いて二十二日付のいばらきに一九〇七（明治四十）年八月

菱田春草、木村武山。四人の画家がそろって制作する風景の写真は、下村観山、横山大観、

んだという。
間厳守になっている」（真、時間に遅れた一件は、「時ちのうち、特に約束この一なのと、と。

すると別の画家がやきもちを焼いた」などと。

きっかけを作った紙がいっぱいある▽画室には失敗した書と。▽ある画家と仲良くお菓子をもらって帰るこ、絵を描いてやろうがあった▽「兄ちゃ

峰良晃氏で版権譲渡などに関し新聞社と何らかの取引があったのか。

「禅の道場のようだった」（安田靫彦）という証言とも符号するような、当時の五浦の日本美術院の雰囲気をシンボリックに表す写真。今では「五浦時代」が紹介される際、必ずといっていいほど取り上げられる。

天心や五浦の画家たちを顕彰する県天心記念五浦美術館（同市）の長山貞之企画普及課長は「ある程度つくった場面ではあるだろう」としながらも、「この写真がなかったら、日本美術院の五浦時代とは何だったか。非常にイメージしにくくて困ることになった」と話す。そんな貴重な資料についての研究には、まだまだ課題が多い。

（佐川友一）

「この地に移住」「創造のための拠点」四人がそろっていた半ほどと、そう長く、観山、武山が一二（）年に東京に引き七年で終止符を打った正員画家たちが

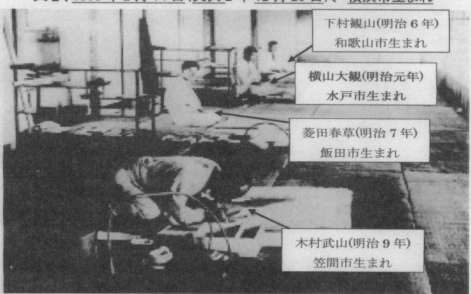

天心、1863年2月14日（文久2年12月26日）、横浜市生まれ

下村観山(明治6年) 和歌山市生まれ
横山大観(明治元年) 水戸市生まれ
菱田春草(明治7年) 飯田市生まれ
木村武山(明治9年) 笠間市生まれ

＊小峰写真館による写真（明治40年8月22日付の「いばらき」紙面）

映画「天心」（平成26年）のラストシーンには、四画伯の制作場面で、カメラのシャッターを切る20歳前後の好青年が出ていた。

＊小峰写真館（小峰良亮）の可能性の写真について
　菱田春草の写真は明治４０年頃(この写真は、春草の故郷の飯田市美術館でも使用)。

菱田春草の写真
年代　明治四十年頃
寸法　縦三七・二　横二六・八
寄贈者　東京都　菱田春夫氏（春草令息）

春草は、明治３９年１１月～明治４１年５月（眼病悪化で五浦を去る）、家族で**五浦にて過ごす**。長男春夫(明治３５年１月生)は、大津小学校に１か月通った。

大観と共に没線描法を試み、世間からは朦朧体と酷評さてたが、敢然として新日本画の創造に邁進。

春草は明治７年長野県生まれで、明治４４年９月１６日惜しまれて没した。

飯田市に帰郷は、明治３４年が最後であった。　明治以降の日本画家としては一番重要文化財が多く指定されており、最も人気の日本画家の一人。

＊主な作品
『王昭君』1902（重要文化財）
『**賢首菩薩**』1907（重要文化財）
『紅葉山水』1908 頃
『**落葉**』1909（重要文化財）
『黒き猫』1910（重要文化財）

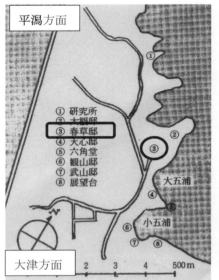

小峰写真館は、平潟から五浦へ仕事時は、中心地の**春草邸**を経由の頻度高い。
「亮ちゃん、絵を描いてやろうか」といわれたことがある。画室には失敗した書きかけの紙がいっぱいあった。春草邸での可能性が高い。

第１回文展（明治４０年）に出品した、色彩点描技法を用いた『賢首菩薩』も手法の革新性のため、当時の審査員には理解されなかった部分もあったが、２等賞第三席の高い評価を受けました。春草の写真からは、敢然として新日本画の創造に邁進した雰囲気を感じられる。受賞直後の写真の可能性あり。

23

＊春草は大観と明治36年にインドへ半年、次いで翌年にはアメリカ・ヨーロッパ
　へ一年半に及ぶ外遊をした後の五浦・代々木時代。

五浦時代	1906（明治39年）6月～1908（明治41年）5月
①明治３９年６月～	・６月　大観、観山、武山と五浦を訪ねる。
	・８月　三男駿生まれる。
	・１１月９日　大観、観山、武山と共に移住（家族も）。
②明治４０年１月～	・５月　「いはらき新聞」に談話「春草画談」が掲載される。
	・８月　文展審査員決定、春草は選ばれず。 　　　　天心、大観、観山が選ばれる。
	・**８月２２日付け「いはらき」新聞、** 　有名な写真「**四画揮毫図**」が掲載。
	・９月２１日　仲秋観月の園遊会（五浦の天心邸）。
	・１０月２５日～１１月末日、**第1回文展開催**（東京上野）。 　＊「**賢首菩薩**」を出品し、一等賞はなく、二等賞第三席となる。 　　＊武山の「阿房劫火」は、三等賞に、観山の「木の間の秋」は、 　　　政府買い上げとなる。大観の「流燈」は、第3回文展出品。 　　＊この頃、眼病の兆候が現れる。
	・１２月　武山と共に群馬足利へ揮毫旅行する。
③明治４１年１月～	・３月　水戸で日本美術院小展覧会が開かれ10点余を出品。 ＊この頃以降、眼疾悪化し東京で診察を受け、制作を禁じられる。
	・５月　病気治療に専念するために、五浦を離れ東京に仮寓する。

代々木時代	1908（明治41年）6月～1911（明治44年）9月
①明治４１年６月～	・６月　代々木に移り病気治療に専念する。慢性腎臓炎と診断 　される。
	・１１月　この頃から病状回復し制作できるようになる。
②明治４２年１月～	・１０月　第三回文展「**落葉**」を出品し、二等賞**第一席**となる。
③明治４３年１月～	・３月　岡倉天心に代わり文展審査員に任命される。
	・１０月　第四回文展「**黒き猫**」を出品。
	・１２月　小田原に滞在。
④**明治４４年１月～**	・２月　この頃より病状が進み、視力も衰え制作が困難になる。
	・６月　代々木143番地に新居が出来、移転。
	・８月　第五回文展審査員に任命されるが従事できず。
	・９月16日　死去。（享年36歳）

○**横山　大観**【茨城県の名誉県民第一号であり、第一回文化勲章受章者】について

【大観】４１歳頃
2013年秋、横浜美術館

・**明治元年**９月茨城県**水戸市**に生まれる。本名秀麿。

・明治30年、東京美術学校助教授となるが、翌年の美術学校騒動に際しては辞職組の最先鋒の一人として春草とともに同校を免職となる。

・明治39年日本美術学院を五浦移転。五浦で『**流燈**』などを作成した。天心没後は再興美術院の中心的存在として活躍。『**生々流転**』、『夜桜』などの傑作を生みだした。

・昭和12年に文化勲章受賞。　昭和　33年没。

　地元の平潟に直接関係する資料は、見当たらないが、大観が平潟でも絵画を残して行ったとされています。この伝承に関連するのは、大作名画　＊「生々流転」：1923（大正12）年、東京国立近代美術館蔵、重要文化財）です。

＊「生々流転」：全長40メートル超。日本一長い画巻に水の一生の物語を描く。スタートは山間に湧く雲。雲が一粒の滴となり、地に落ちて流れはじめる。川は周囲の山々や動物、人々の生活を潤しながら次第に川幅を増し、やがて海へと流れ込む。荒れ狂う海には龍が躍り、水はついに雲となって天へと昇る。そして物語は振り出しに戻るのだ。大観の水墨技法のすべてがここに注ぎ込まれている。

　2013年3月茨城県近代美術館での22年ぶりの展示で、担当者の今瀬佐和学芸員は「大観は、師である天心の思想をこの作品で形にした。それは『生きているものは循環する』という教えで、人の一生を水の循環に重ねて描いたものだった。**作品に登場する河口の漁村は、北茨城の五浦近くの平潟をイメージしたともいわれている**」と解説されている。

　「生々流転」は、1923年（大正12年）東京・上野で開催された第10回再興院展に出品されたが、初日の９月１日に関東大震災に遭遇。作品は地震による被害は免れたが会場は激しい揺れに見舞われ、展覧会は開幕から3時間で閉会した。

＊茨城県近代美術館蔵品「五浦の作家」より

【菱田春草】
「落葉」明治42年(1909)／絹本・彩色・二曲一双屏風／各152.8×151.8cm

「五浦ノ月」明治42-43年

【横山大観】
　「流燈」 明治42年／絹本・彩色・軸装／143.1×51.5cm／第3回文展出品、県指定文化財

【木村武山】
「阿房劫火」 明治40 年(1907)／絹本・彩色・軸装／141×240.8cm／第1回文展(3 等賞)

（４）「天心」から平潟への（橋本画伯絵画・記念碑・源蔵妻の実家）プレゼント

①八大龍王図を橋本永邦に描かせ、自らは**四言四句**

【天心】晩年の五浦：1907年（明治40年）頃～1913年（大正2年）9月2日没
　晩年の天心は世界を飛び回る忙しい中、五浦で静養し、その時は「五浦老人」などと自称しながら漁師の如く**毎日海に出て釣り**を楽しんでいた。

五浦での釣り姿の岡倉天心（明治４０年頃）
（明治40年4月　戸籍を東京市⇒大津町五浦）

この五浦で釣りに熱中した天心は、**地元平潟に住む釣り名人、鈴木庄兵衛**に釣りの手ほどきを受けたり、渡辺千代次（現渡辺家：船頭料理「天心丸」）に操船や水先案内人をさせたりして楽しんだという。明治４０年頃から、平潟の漁師・鈴木庄兵衛に船に乗せてもらい、一本釣りの神髄を学んだ。

八大龍王壽贊
玄天風静
慈海波寧
布帆無恙
永仰威靈
　碧龕居士拜贊

八大竜王画贊
玄天（けんてん）風（かぜ）静（しず）かにして
慈海（じかい）波（なみ）寧（やすら）かなり
布帆（ふはん）恙（つつが）なく
永（なが）く威霊（いれい）を仰（あお）ぐ
　碧龕居士（へきがんこじ）拝贊（けいさん）

天心は鈴木庄兵衛の頼みに応じて平潟小船組合のために、「**八大龍王図**」を**橋本永邦**に描かせ、自らは*四言四句を書き残した（大正元年十月）。

＊：後藤末吉氏の文献（五浦と天心）
茨城大学五浦美術文化研究所報論（10）
26-61　1985-03-26）より転記

この「八大龍王図」は、平成29年秋に、茨城県天心記念美術館「龍を描く」で、「**双龍争珠**」と共に出品されていた。

28

② 平潟港の日和山＊の石碑が語る、【平潟】（釣り名人：鈴木庄兵衛）との関係

＊天気予報の無い時代は、早朝にこの山に登って、その日の天気・風向きを見て船の
出港を判断した。

平潟港の日和山の石碑

八大龍王再建記念碑

八大龍王再建記念碑
平潟小舟組合

碑陰

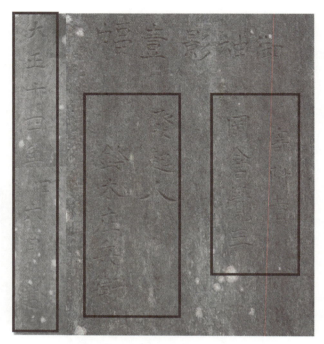

＊大正14年旧6月建立、寄付者：岡倉覚三は、遺族の配慮と推定。
発起人：鈴木庄兵衛。

　天心は、「かもめ」（明治40年3月頃建造）に続いて、2番目の釣舟を建造している。この釣舟「龍王丸」は、平潟で建造、鈴木庄兵衛が深く関与していた。船の完成は、大正2年7月上旬であった。＊：後藤末吉氏の文献（天心と釣り：五浦論叢　1998年）参照。

＊石碑は、風光明媚で五浦を偲ぶことが出来る場所にあり。
＊小峰良亮も五浦へ写真撮影の仕事時は、「九ノ崎」経由であった。

③「天心」から「源蔵妻の実家」へのプレゼント

　「島田きち」（小倉源蔵長女）（明治30年生）の「墓石の文字は、天心先生」証言
　を検証した。
　墓碑の文字に、「天心」芸術の香りが感じられる。時系列から見ると、明治４０年頃
から、平潟の漁師に船に乗せてもらっている。この時期にチャンスがある。
　芸術性が感じられる「日」文字の６種類で、【天心】以外は考えられない。

「島田きち」証言、「茨城大学五浦美術文化研究所報　第9号、1982年より」。
これによると、「岡倉天心夫妻」や「背の高い外人さん」（ウォーナー博士と推定：明治39年7月来日、五浦で「国案帖」の英文解釈等を作成）等が平潟に来ている。
写真の中央がウォーナー博士、右が大観
右下が春草。

小倉源蔵妻の実家

「日」の字に特徴

【茨城大学五浦美術文化研究所の歴史】等

- 1913（大正2）年の天心の没後、遺族の住いだった。
- 1942(昭和17)、天心偉蹟顕彰会が遺族から管理を引き継いだ。
- 1955(昭和30)年、東竜太郎（茨城大学大学長）と浅野長武（東京国立博物館館長）が、天心偉蹟顕彰会の会長横山大観邸を訪れ、岡倉天心の旧邸を茨城大学へ寄贈が決定。昭和29年春の六角堂は、「窓は割れ、酔いつぶれた者が寝込んでいる」惨状。
  ＊緒方廣之氏は、昭和32年に東竜太郎（茨城大学大学長）から五浦研究所（岡倉天心遺跡）勤務の辞令を受ける。昭和60年頃まで、一人での管理者。資料発掘にも情熱を注ぐ。
- 1963(昭和38)年、天心記念館完成。平櫛田中作の《五浦釣人》、《岡倉天心先生像》、天心の釣舟「龍王丸」などの関連資料が展示。
- 1970（昭和45）年、《ウォーナー像》除幕式。
- 1980（昭和55）年、天心遺跡記念公園、一般公開。日本美術院跡地。
- 1997（平成9）年11月8日、茨城県天心記念五浦美術館開館。
- 2011（平成23）年3月11日、東日本大震災で、六角堂が流出（消滅）も、多くの方々の熱意で、再建された（完成式：平成24年4月17日）。
- 2014年（平成26年）3月18日、六角堂を含む天心の屋敷地と五浦海岸は、茨城県では初めての登録記念物となった。

＜茨城大学五浦美術文化研究所資料より＞

横山大観「双龍争珠」明治38(1905)年 横山大観記念館蔵

岡倉天心はその著『東洋の理想』の中で、アジアの理想とヨーロッパの科学を2匹の龍にたとえていますが、横山大観はこの作品で天心の思想を絵画化したといわれています。

天心が思い描いた龍

第3章　何故、小峰写真館は、四画伯人の制作写真撮影が出来たのか

(1) 小峰写真館を支えた、小峰米之介（神奈川県横須賀で大活躍）の生涯

嘉永5年(1852年)3月10日　小峰 喜平の長男として誕生。
　　慶応4年(1868年)6月、新政府軍は、軍艦3艘で、平潟港に上陸。(第一陣)
　　　平潟港は、列藩連合下にあり、新政府軍と戦闘し、双方多くの戦死者も出す。

明治元年(1868年)12月：失跡(米之介16歳)

明治15年　小峰喜平(米之介の父)　他界も参列せず。　米之介は長男。

明治19年、飯村の届出(米之介34歳)

明治21年、分家届出、本籍：三浦郡中里村(米之介36歳)
　　　　　この年、平潟町本町で、大火発生あり。
　　　実家は、妹が養子縁組して、幸せに暮らしていた等によるとの伝承あり。

　明治29年（1896年）に東京-水戸間が開業する。
　明治30年にいわきまで。(常磐炭鉱の初代社長：浅野総一郎や、協力者の渋沢栄一等による)。

明治33年、実家付近の八幡宮に寄進、住所は神奈川県横須賀町中里(米之介48歳)

八幡宮

* **明治34年、実家新築**(小峰昌照、棟梁：小倉源蔵は平潟町の大工：妻は小峰家)
　明治38年8月、「五浦六角堂」(岡倉天心、棟梁：**小倉源蔵**)

　小峰昌照は、明治37.4.7～明治41.4.3　平潟町**助役**(町長、後藤善三郎→菊池半兵衛)

明治38年（1905年）葬儀、小峰　いと（米之介の母）

小峰　米之介（53歳）　　（香奠　150円+　盛物料 50円）
三上　文太郎　　　　　　（香奠　 50円）　　そば2銭の時代
（三上　文太郎（後に横須賀市長）夫人は、小峰　米之介の妹）
（三上家の養女は、小峰　米之介の姪→吉松家（大分県宇佐市出身）へ嫁に）
　吉松氏は、中央大学の柔道部の重鎮であった。

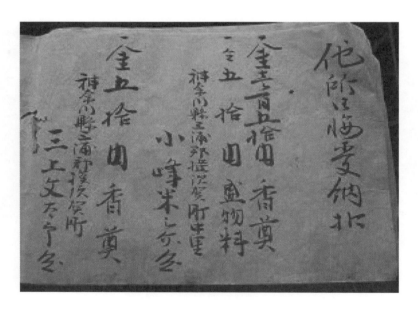

小泉又二郎　　電報譯文で、国会情勢不安定で参列不可の詫び状
明治38年、小泉又二郎、日比谷焼き討ち事件に参加。

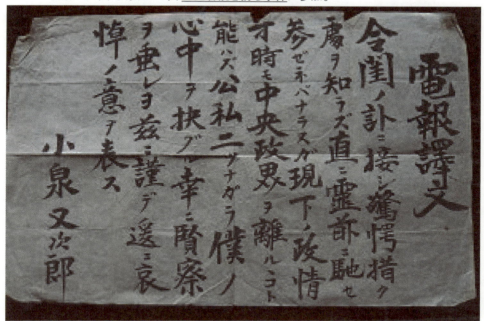

明治39年、小峰　いと　壱回忌　　小峰　米之介（香尊　30円）
明治40年、小峰　いと　三回忌　　小峰　米之介（香尊　100円）

＊明治33年～明治40年　小峰　米之介は、経済的余裕が有り、頻繁に実家（平潟）に帰
　郷している。この時に、横浜から写真技師も同伴してきた。小峰写真館が営業を開始した。

＊明治41年、小泉又二郎（43歳）、第10回衆議院議員に初当選、（米之介 56歳）
　　立憲政友会（総裁；伊藤　博文）：187人（第4次伊藤内閣）、　憲政本党：70人
　　米之介より13歳下、国会議員出馬については、約束事の伝承あり。
　　連続当選12回、通算38年間の代議士生活。
　　明治38年の電報譯文からは、「米之介」が兄貴分と推定可能。

＊「米之介」は、国会議員出馬の意思ありと推定されるので、戦前の政党を整理した。
　「米之介」が「自由民権運動」に共鳴する下地は、縁戚の平潟豪商「菊池半兵衛（安満屋）」を通
　じて充分あった。菊池半兵衛（安満屋）も小峰家と同じく、北茨城市仁井田の成顕寺（法華宗）
　の檀家である。西丸帯刀（勤王の志士）は、情報源として、平潟豪商（安満屋）も利用した。

＊自由党（明治14年～板垣退助）と立憲改進党（明治15年～大隈重信）の2党が合流して憲政
　党（明治31年～）になったが、その年に憲政党（自由派、板垣退助ら）と憲政本党（大隈重信）
　に分かれる。憲政党は、立憲政友会へ。

(追記-1) 明治36年5月15日発行

小峰昌照君　（安政2年10月28日～昭和8年3月13日）

多賀郡平潟町　写真師

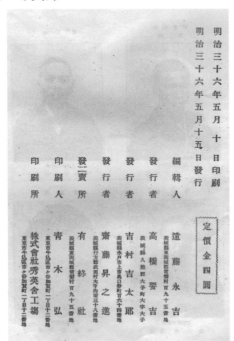

（追記-2）昭和2年4月1日　小峰　忠次　入学
　　保護者　小峰良亮（明治19年5月27日～昭和41年12月10日）
　　　多賀郡平潟町三一一　表具師

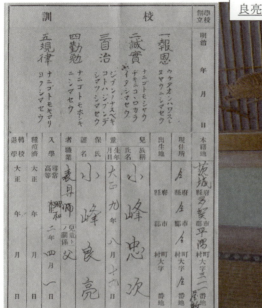

良亮作のうちわ立て

＊良亮は、非常に器用で自作品多い。生け花にも精通していた。

○昭和40年8月1日　親の時代のいとこ会　「屋敷」（北茨城市平潟町512）

良亮

屋敷で生まれ、関東大震1923年（大正12年）9月1日も経験

37

(追記-3)【横須賀市米が浜通（ヨネガハマドオリ）】は、「米之介」功績から命名の伝承あり。

　１９１１年（明治４４年）からの横須賀市**公郷田戸**の海面埋立、総坪４万３千坪に尽力。難工事は、１９１６年（大正５年）「のちの**安田保善社**」に引き継がれ、１９２２年（大正１１年）**埋め立てが完了**。

　　＊「米が浜通」・「安浦」は、「埋立地に起立した町」。
　＊「安浦」は、1916年（大正5年）に埋立権利者と埋立権譲渡契約を締結した安田の"安"と港の意味の"浦"をあわせ名付け。
　　安田は安田善次郎（安田財閥）、東京大学の安田講堂の寄贈者。

　＊**横須賀市立田戸小学校**　住所：横須賀市米が浜通り2-12
　　大正時代に海を埋め立てて建てられた。　学区には島崎藤村が書いた『夜明け前』に出てくる**永嶋家の赤門**など貴重な文化財もある。（田戸小学校ホームページより）

（追記）文献（歴史地理学野外研究（14）、加藤晴美著、2010-03発行　ページ49（31-54）
「扮摂を重ねる海面埋め立て工事」と題され、「横須賀市**公郷田戸**の海面埋立は総坪４万３千坪の内１万３千坪-竣工を見るに至るも、権利者２人より工事費の支払なきにより**工事下請小峰米之介**は大正４年６月１０日工事中止----------、端なくも大扮摂を惹起せしが、横須賀署の警官及び是が調停に努めたる結果、血の雨を降らすに至らず-------」＊。
＊「横浜貿易新報」大正４年９月１３日、横須賀市編・発行（2007）:「新横須賀市史
　資料編　近代Ⅱ」531頁より

龍本寺（日蓮宗）：横須賀市深田台10に眠る。

　本堂を飾る「聖人垂跡」の大扁額は、明治大正時代の書壇の巨匠中林梧竹の墨跡。当地は、宗門最初の霊場である。

　＊この地は、「米（こめ）ケ濱」で、古来からの呼び名（埋立前）。
　「米（よね）が浜通」は、大正の埋立後に新たに生まれた土地に対する呼び名。

【小峰　米之介（ヨネノスケノ）の生涯について思う】
　米之介（嘉永5年、1852年生）の生涯は、＊明治元年16歳で家を飛び出し波乱万丈で、横須賀市での活躍も、不明な点が多いが、推定可能な部分もある。平潟町「安満屋」（菊池家）・「油屋」（後藤家）は、実家の近所隣で、活動の様子は把握可能。浦賀町「大黒屋」は、平潟町「安満屋」・「油屋」と取引があり、浦賀町「大黒屋」の廻船で浦賀町に上陸したのか。平潟港は、常磐線開通以前、風待ち港として、宿泊・歓楽街としても、江戸時代から商業都市として栄えていた。小峰　米之介は、平潟港のソフト（港湾整備等も含む）を、横須賀で開花されたと推定される。横須賀では、三上文太郎（慶応元年4月、1865年、現千葉県いすみ市松丸生）・小泉又二郎（慶応元年5月、1865年、現神奈川県横浜市金沢区生）との人脈から、自由民権運動でも活躍したと推定。米之介の勇気ある生涯に触れ、小峰家の歴史の一部を整理でき、改めて小峰　米之介の冥福を祈る。

＊明治元年（慶応4年）の平潟港は、戊辰戦争の官軍の前線基地で軍艦3隻も入港し、戦争もあり無残な戦死者も出ている。神永喜八（常磐炭田のパイオニア、文政7年（1824年）、現北茨城市華川町生）が官軍に納入した石炭（当時のエネルギー革命品）も身近に見ている。

（2）西丸帯刀（木戸孝允に先生と呼ばれた勤王の志士）の写真も

「西丸　帯刀」の晩年（明治**40**年頃）の写真は、小峰写真館。

帯刀は常陸国北部磯原村（現・茨城県北茨城市）の**郷士野口氏**の出身で、野口北溟の次男として文政５年（1822 年）生まれた後、**大津村の郷士西丸**勇五郎義則の養子となる。　西丸氏は佐竹氏の庶流で、本姓は源氏である。　両家とも**尊王攘夷の家柄**ということもあり、早くから尊皇攘夷活動に身を投じた。特に、**西丸家は平潟の豪商菊池半兵衛の家とのつながりが強く**、その活動範囲は全国に及び、**長州藩士・桂小五郎**らと交わり、幕政改革を通じて尊皇派の政権誕生を企図した。

安政７年（1860 年）、桜田門外の変が起きると幕政改革のため他藩の有志との連携を模索し始める。同年７月、長州藩の**桂小五郎**と会談し、「桜田門の事変をもう一度起こして、幕府が動揺した隙に有為の大藩が幕府に忠諫し幕政を刷新する」とした**盟約「丙辰丸の盟約」**を交わす。この時**西丸は、「破（暗殺）と成（幕府への忠諫）どちらを選ぶか」**と**桂**に求めた。**桂**は「破は難い」と答えたため、**西丸は「然らば拙者が難きを取る」**と言った。この盟約は両藩有志間のみの盟約で、その後長州藩に藩論の変転があったため実を結ばなかったが西丸は単独で活動を続け、**東禅寺事件**（イギリス公使館を襲撃（文久元年：1861 年））や**坂下門外の変**（老中・安藤信正、坂下門外で**襲撃され負傷**（文久２年（1862 年））の背後で暗躍したとされる。帯刀は**天狗党の乱**（元治元年（1864 年）に呼応するも、付家老中山信宝の兵に攻められたため脱出、明治まで身を隠した。

慶応２年（1866 年）、坂本竜馬等の活躍で薩長同盟が結ばれる。慶応４年（1868 年）１月、鳥羽・伏見の戦いを機に戊辰戦争が始まる。平潟では、５月 28 日彰義隊の残党に守られ輪王寺宮能久親王が旧幕府の軍艦で上陸された。新政府軍は６月 16 日**軍艦三隻で平潟港へ**、翌17日**海上の軍艦から砲声があがった途端**、仙台兵は、逃げ去ってしまった。（福島の戊辰戦争：p51-53）。旧幕府軍との双方に戦死者出る。　慶応４年（1868 年）9 月 8 日に明治と改元される。

帯刀は明治維新後、水戸藩に北海道開拓が許可されると開拓役人として従事、明治３年（1870 年）開拓責任者となる。しかし、明治４年廃藩置県により帰郷し、一切の公職につくことなく隠棲する。明治 40 年（1907 年）、従五位に叙せられる。大正２年（1913 年）卒去。享年 91。菩提寺は北茨城市大津町の長松寺。

【小峰米之介】：嘉永５年（1852 年）生まれ。
・**八歳の時**（（安政７年（1860 年））、**桜田門外の変が起きる**。桜田門外の変での水戸浪士の一人は、平潟の菊池家（縁戚で近所）に、一時お世話になる。
＊**明治元年（16 歳）、今まで見たこともない軍艦を見、軍艦からの砲声を聞き、無残な戦死者も見、人生の転換期になったと推定される。**

明治40年5月27日（1907年）、従五位に叙せられる。

①はがき　明治 40 年 7 月 28 日（陰暦7月1日）

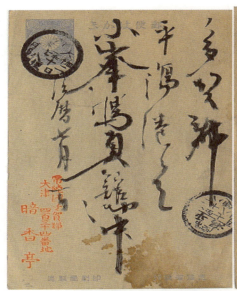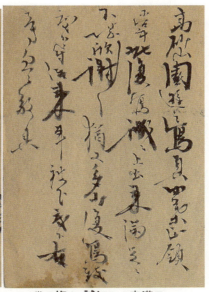

高砂山園遊寫眞四葉正領　　　掌此複寫　誠に上出来満足に
不堪欣謝々々猶又多少複寫致　度候に御来車被下度候右
旁怱々敬具

＊五浦での四画伯の制作写真は、このはがきの約1か月後。
　西丸帯刀翁のはがきから、写真技術は高い評価を受けている。

②はがき　明治 45 年 6 月 19 日(旧5月5日)

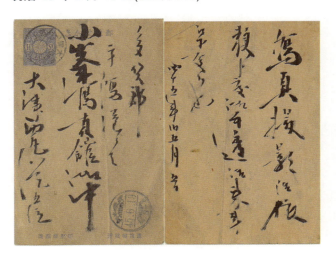

41

（３）野口雨情(詩人)と西丸帯刀(勤王の志士)

　西丸帯刀は、水戸藩郷士野口家の出身で、深い親戚関係にあり。先般、【野口雨情と西丸帯刀】の演題で、野口雨情生家・資料館長の野口不二子さんが講演された。
　二人の関係を示す、貴重な資料が配布されたので、転記する。

密漁船（かくれぶね）　　明治35年発表（雨情20歳）

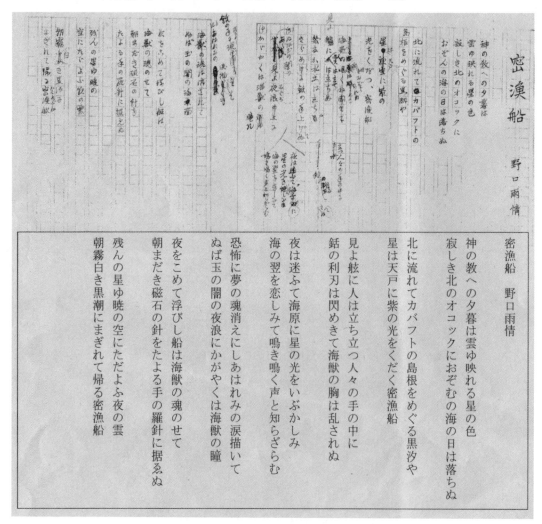

密漁船　　野口雨情

神の教への夕暮は雲ゆ映れる星の色
寂しき北のオコックにおぞむの海の日は落ちぬ
北に流れてカバフトの島根をめぐる黒汐や
星は天戸に紫の光をくだく密漁船
見よ舷に人は立ち立つ人々の手の中に
銛の利刃は閃めきて海獣の胸は乱されぬ
夜は迷ふて海原に星の光をいぶかしみ
海の翌を恋しみて鳴き鳴く声と知らざらむ
恐怖に夢の魂消えにしあはれみの涙描いて
ぬば玉の闇の夜浪にかがやくは海獣の瞳
夜をこめて浮びし船は海獣の魂のせて
朝まだき磁石の針をたよる手の羅針に据ゑぬ
残んの星ゆ暁の空にただよふ夜の雲
朝霧白き黒潮にまぎれて帰る密漁船

*　この詩"密漁船（かくれぶね）"は、次ページのドラマを含むも、明治39年夏に、北海道からカラフト（サハリン）まで放浪の旅をしている。
　　明治40年は石川啄木（21歳）と「小樽日報」の三面記事を担当する。

明治 39 年 6 月　野口雨情、大叔父の帯刀に借金を迫るが断られ帰る。
　　　　　　雨情（英吉）から西丸松陰老先生へ

多賀郡大津町西町　暗香亭　ご親族
西丸松陰老先生
六月十二日　磯原浜　観海亭
拝醐、過般ハ　ヨクヨクノ場合故、面ヲ被ツテ御願ニ
拝趨致シ、今更報顔ノ至リニ御座候。その件ハ、拙当物
差入用弁相立候間、御休神被下度候、昨日御ハガキ拝見
致シ時、穴アラバ入リ度キ心地致候、愚生モ久敷放浪ニ
身ヲ持チクズシ候ヘ共、然シ御安神被下度候
漸ク時機到来致シ候ニ付、不遠天下ノ志士ヲ叫合致
シ、何事ヲカ企テ可申候、サリ乍ラ勝テバ官軍、負ケレ
バ賊名ハマヌカレズ候、呵呵
此書面は御火中の事
松陰老先生
　机下
　　　　　英吉

明治五	明治十五	明治三十八	明治三十九	明治四十
六月、西丸帯刀、一切の公職を辞して隠居する。	五月二十九日、野口雨情生まれる。	三月、野口雨情「枯草」を発表。暮春、帯刀は長久保赤水の墓碑文を書写する。十一月二十三日、雨情の叔父で自由党の元代議士野口勝一が小石川で死去。	六月、野口雨情、大叔父の帯刀に借金を迫るが断られて帰る。この夏雨情は北海道からカラフト（サハリン）まで放浪の旅をする。	五月二十七日、帯刀に従五位が贈られる。十月、野口雨情（二十四歳）は石川啄木（二十一歳）と「小樽日報」の三面記事を担当する。十二月十七日「松陰翁小伝」水戸の知新堂から発行。贈位を記念して帯刀の次男佐太郎が「西丸松陰先生略履歴」を書く。

（４）同時代に京浜工業地帯の埋め立て工事を完成した人々
浅野総一郎、安田善次郎、渋沢栄一、大川平三郎等

　小峰米之介（**1852～1940年**）と同時代に活躍した人で、身近に感じる偉人として、私が長年勤務した、[*1]日本加工製紙（株）注（洋紙に顔料塗工して、印刷適性を改善、国内最初に商品化した会社、瓶ビール時代のラベル用紙・タバコの外函等製造）の二代目社長は[*2]藤原銀次郎、三代目社長の[*3]大川平三郎注がいる。

　　　初代社長は福沢大四郎（諭吉の一番末っ子）。

　JR鶴見線の駅名は、京浜工業地帯の埋め立てと形成に寄与した人の功績（着工許可、大正2年、完成昭和3年、**工期は15年間**）を偲んで、「**浅野駅**（浅野総一郎：中心人物：八転九起の不屈の精神）、**安善駅**（安田善次郎）」、「**大川駅**（大川平三郎）」等がある。

氏名	誕生日	没年
福沢　諭吉	天保5年12月（1835年1月）	明治34年（1901年）
安田　善次郎	天保9年10月（1838年11月）	大正10年（1921年）
渋沢　栄一	天保11年（1840年）	昭和6年（1931年）
浅野　総一郎	嘉永元年（1848年）	昭和5年（1930年）
小峰　米之介	嘉永5年（1852年）	昭和15年（1940年）
大川　平三郎	万延元年（1860年）	昭和11年（1936年）
藤原　銀次郎	明治2年（1869年）	昭和35年（1960年）

浅野は、石炭の廃物であるコークスの処分に困っていた横浜ガス局からコークスやコールタールを安値で買い取り、セメント製造の燃料として用いる方法を開発、ただ同然のコークスを深川のセメント工場に納めて巨万の利益を得た。更に、渋沢栄一が経営する製紙会社に納入する資材（コークスと物々交換で石炭を納入）で能力を認められ、彼の積極的経営は、加速する。なお、浅野セメント（現在の太平洋セメント）の経営には、渋沢の代理として大川平三郎が加わった。浅野は、**1896 年（明治 29 年）**には欧米視察に赴き、イギリス、ドイツ、アメリカなどの港湾開発の発展ぶりを目の当たりにする。**横浜港**に戻るとその旧態依然とした港の様子に衝撃を受け、浅野は港湾を近代化し、工場を一体化した日本初の臨海工業地帯を東京市から横浜市にかけての海岸部に政府の支援を受けずに独力で建設することを計画する。この大規模計画に**神奈川県は当初、二の足を踏む**が、浅野の計画の価値を認めた**安田善次郎**が支援に乗り出したことで動き出す。浅野が浅野セメントを合資会社にする際に安田が出資に協力して以来、安田は**渋沢同様に浅野の理解者**であった。

注 * 1）　日本加工製紙（株）：大正6（1917）年～平成14（2002）年との関係。

　　　明治9（1876）年、京都府は明治天皇からの下賜金10万円を元に資本金15万円を用意した。工場地は動力として水車動力を使える桂川左岸の梅津に定め工場建設が始まる。これは，当時推進されていた殖産興業政策の一つであるが，ドイツから機械を輸入しドイツ人技師を雇い入れた日本初の洋紙製造である。明治10（1877）年には明治天皇も御幸され工場を見学されている。昭和25年からは日本加工製紙（株）の工場として稼働していたが，昭和46（1971）年に閉鎖された。

注 * 2）　藤原　銀次郎（1869～1960年）現在の長野市生まれ

　　慶応義塾に入り、三井銀行に入社。王子製紙を再建し、「製紙王」となる。

　　1938年（昭和13年）、私財800万円を投じて、人材育成を目指して横浜に藤原工業大学（1944年に慶應義塾大学工学部となる）を設立した。

注 * 3）　大川平三郎（**1860～1936**年）現在の埼玉県坂戸市生まれ

　　製紙技術者から出発し、大正3年樺太工業を設立、大正8年には大手製紙会社富士製紙の社長に就任。この結果大川が経営する製紙会社は合計で国内市場の45%を握り、大川は「日本の製紙王」と呼ばれた。さらに浅野セメント（現・太平洋セメント）、札幌ビール、東洋汽船、日本鋼管など80余の企業経営に携わり**「大川財閥」**を作りあげた。

大川平三郎は、**渋沢栄一**（大川道場で剣術修行）**の甥**で、妻は**渋沢栄一の娘**である。

また自身が貧しい幼年時代があり、農村の衰退した現状を憂い、1924年（大正13年）に、私財5万円で**「大川育英会」**を立ち上げた。**渋沢栄一**もこの財団を創設から支えた。

第4章　平潟小峰家の歴史

（１）小峰家の家紋（左三つ巴）：白河小峰城の「白河集古苑」の家紋に同じ
　　　高木氏作（小峰靖史の妻の祖父）：家紋は「武士のシンボルマーク」
　　　小峰　健司（小峰　靖史の長男）の誕生（平成20年1月22日）祝い品

【奥州の要所、小峰城】

　小峰城は南北朝時代、14世紀中頃に結城親朝が「小峰ヶ岡」と呼ばれたこの地に城を構えたことが始まりとされ、江戸時代、初代白河藩主・丹羽長重が「奥州の押え」にふさわしい石垣を多用した梯郭式の平山城を完成させた。その後、21代もの大名がこの小峰城を居城としたが、戊辰戦争で大半を焼失し、落城したと言われている。1991年に三重櫓、1994年に前御門が江戸時代の絵図に基づき木造にて忠実に復元され、2010年に「小峰城跡」として国の史跡に指定された。

【白河集古苑について】

　白河集古苑は、結城家古文書館と阿部家名品館からなる。
鎌倉時代から室町時代にかけて光彩を放った**中世の武家白河結城家**。
江戸時代に譜代大名として6人の幕府老中を輩出した大名阿部家。
これら性格の異なる両家の武家資料を通じて、中世から近世まで約600年に及ぶ武家の文化遺産を保存、展示している。

左三つ巴

＊結城神社（家紋は左三つ巴）：南北朝時代に、後醍醐天皇を奉じて「建武新政1333年（元弘3年）」の樹立に貢献した、結城宗広公（白河結城2代目）を祀る由緒ある神社である。結城宗広公は、津市で最期を遂げた。1879年（明治12年）に村社になった。翌年三重県を訪れた明治天皇が、200円を祭祀料として寄付した。

結城親朝（白河結城3代目）の次男が、小峰城を与えられて小峰氏と称した。

＊白河結城、白河小峰の源流は、鎮守府将軍藤原秀郷の末裔・小山朝光（結城朝光）が平安時代後期に源頼朝の挙兵に従い、志田義広滅亡後の鎌倉時代には下総の結城（茨城県結城市）を領した事が結城氏の始まり（家紋は左三つ巴）であるとされている。

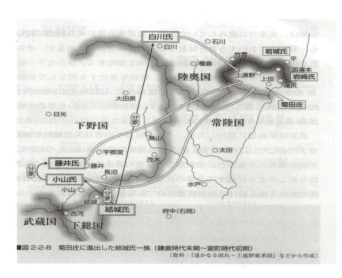

■図2-2-8 菊田庄に進出した結城氏一族（鎌倉時代末期～室町時代初期）
〔資料：『遙かなる流れ－上遠野家系図』などから作成〕

＊小峰 定雄の告別式（昭和62年6月4日没）に小峰家の長老が、先祖は、「**結城小峰**」の流れと、説明していた事を克明に覚えている。

＊家紋現地調査、白河小峰城「白河集古苑」では、同じ「左三つ巴」家紋であった。この時の感激は、今も残っている。「小峰家」単独では、「左三つ巴」家紋は、発見されなかった。

＊現「小峰家」は、分け合って「小峰城の御姫様」のお供をして、現地「北茨城市平潟」にたどり着いたとされている。証明する物は、何もないが、成顕寺の先代住職、「**遺産相続が、大変だったでしょう**」が思い出される。成顕寺の旧開山堂は小峰武左エ門が施主（元禄2年（1689年）も先代住職の証言書で分った。

48

（2）江戸時代の平潟小峰家

　江戸時代は、棚倉藩の内藤豊前守の家来等として、仕える。

成顕寺(棚倉藩)の過去帳は、万治2年（1659年）から連綿と350年以上続く。

旧開山堂：小峰　武左エ門が施主、元禄2年（1689年）。建替え解体工事で判明。

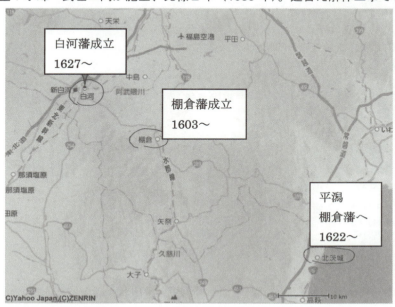

1652年	承応元年	勿来きり通しの開削。北茨城市関本町関本中(栗野)からいわき市勿来町九面に抜ける。
1775年	安永4年	平潟洞門が開通。(平潟町黒浦～勿来町九面：長さ27m)
1872年	明治5年	明治政府の通達により、「陸前浜街道」と称される。

＊通行手形

洞門（本町～黒浦）
元和8年（1622年）平潟が棚倉藩に編入後開通か
（現在は、切り通し）（平成28年8月撮影）

＊江戸時代の平潟では、小峰屋敷前が要所であった。

塩の道（古道）

＊平潟の石碑・石塔（沼田　章書）最古は、公民館裏山にある**庚申供養塔元禄4年（1691）**

　塩の道（古道）は、平潟港から（現）海徳寺の裏山（北側）を通り、（現）国道6号線平潟トンネル（隧道）の北側（いわき側）を通り、福島県東白川郡**棚倉町**方面に通じていた。北茨城市平潟町といわき市勿来町の県境の一部が**塩の道（古道）**である。
　この古道は、海徳寺にも伝承されている。

【棚倉街道（塩の道、鉄の道）】

　平潟～山小屋村～才丸村～山小川村を通り奥州白川郡の大畑村～北野村を経て（福島県東白川郡塙町）を経て棚倉町に至る。その道のりは約13里30町（約59km）である。

　主要道は、現在の県道27号線であり、現在の地名は、関本町富士ヶ岡～関本町才丸～関本町小川である。

　【塩】は、斉田塩（阿波：現鳴門市）、明石塩などが浦賀・江戸に集まって、平潟へ。
　　　　菊池家（安満屋）・後藤家（油屋）等に入り、棚倉方面へ。
　【鉄】は、古くは江戸商人の手を経由した備中鉄であったが、江戸中期から南部鉄が
　　　　平潟へ。平潟の鉄問屋から棚倉城下へ運ばれた。

　廻船問屋には、武子（板屋）市兵衛、鈴木主水、菊池（安満屋）半兵衛、赤津（阿波屋）徳兵衛、根本（相馬屋）万平、武子（仙台屋）藤右衛門、鈴木（油店）忠三郎、根本（気仙屋）孫右衛門、加賀屋政五郎、小松（和泉屋）紋兵衛等がある。阿波屋、相馬屋は、ルーツを屋号にしている。平潟は、（安満屋）、（阿波屋）等、黒浦附近を本家にしている人が多い。港の盛況と共に仲宿や洗濯屋も多くあった。（北茨城史壇4等より）

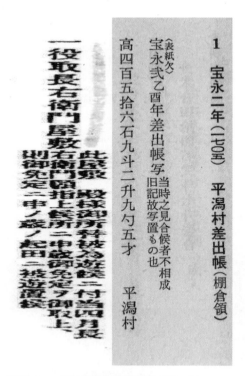

　　＊北茨城市史　別巻2　（松岡地理誌村明細帳）（Page　123～127）より

【平方役人】：元禄六年（1693年）

　これは延宝二年（1674）に藩主を継いだ、内藤紀伊守弌信の**元禄六年（1693）**の時の分限帳。**小峯長右衛門**は、延宝二年（1674）以前に、帆役金、集役の可能性もあり。

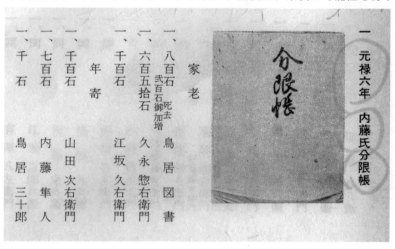

一　元禄六年　内藤氏分限帳

家老
一、八百石　弐百石御加増死去　鳥居図書
一、六百五拾石　久永惣右衛門
一、千百石　江坂久右衛門
　年寄
一、千百石　山田次右衛門
一、七百石　内藤隼人
一、千石　鳥居三十郎

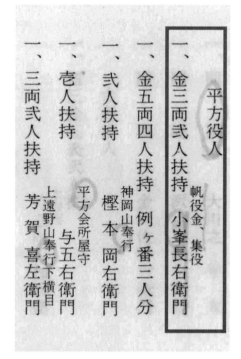

平方役人
一、金三両弐人扶持　帆役金、集役　小峯長右衛門
一、金五両四人扶持　例ヶ番三人分　神岡山奉行　樫本岡右衛門
一、弐人扶持　平方会所屋守　与五右衛門
一、壱人扶持　上遠野山奉行下横目　芳賀喜左衛門
一、三両弐人扶持

＊棚倉町史（第三巻）（Page　3～12）より

53

【平潟村誌】 より関係部署を抜粋　複製　昭和54年

①出役番所

＊所在：村ノ南部字本町ノ入口南側。

＊「雑項」　創設年暦不詳 **時ノ領主** 出役ト唱ヘ村内輸出物品壱駄ニ付五拾文ツ々収入スル **例規アリ** 其役成リ取立ハ番所ナリ維新廃藩ノ後官有トナリ明治六年払下ケ今民有ナリ。

②仙台陣屋

＊「雑項」　慶長ノ末年陸奥仙台ノ藩主伊達氏貢米ヲ江戸ヘ回船取締ノ為メ此ニ陣屋ヲ
　　設ケ爾来役員ヲ派シ満一ヶ年ヲ以テ交代ノ期トスル明治元年戊辰払下ケ今民有トナル。
　　　　　慶長ノ末年は、慶長８年（1603年）、慶長19年（1614年）頃。

③港湾

港湾	
位置	多賀郡北隅
經緯 縱横	
深	二丈壹尺五寸
底質	岩七分粘土壹分ヲ湿ス
風 出	西南
風 入	東北
波止場	五拾間崩壊シ今ハ其跡ヲ見ルノミ
船舶 出	百二拾艘
船舶 入	百三拾艘
物貨 出	米籠数茨材石炭水産粕鰹節等ヲ最トス
物貨 入	食塩々魚麹等ヲ最トス
雜項	寛永年間陸奥仙臺藩主伊達政宗江戸ヘ回米航海風波ヲ避ハ碇泊場ヲ開港セシト云当時百石以上千五百石以上ノ船舶三十余艘ヲ入ルハ今ハ波止場崩壊シ土砂ヲ埋ム為ニ二十艘ヲ限リトス陸奥石巻港ヨリ相州浦賀港マデ東洋航海ノ一良繋泊所トナス明治元年戊辰五月輪王寺宮上野落去ノ際奥州仙藩ノ諸藩士隋従本港ヨリ此ニ上陸ス本港ヨリ此ニ置ク泉湯長谷平ヘ諸城ヲ旅ニ誘ヒ北門ノ領備ヲ調フジ走ル至師依リ上陸本隊ヲ派シ此ニ合六月十六日官軍上陸仙藩兵ハ山ヲ越テ上陸ハ走役仙藩一ヶ隊ヲ派シ

＊「雜項」　寛永年間陸奥**仙台藩主伊達政宗**江戸ノ回米航海風波ヲ避ル碇泊場ノ開港セシト云当時百石以上千五百石以上ノ船舶三十四余艘ヲ入ルニ今は波止場崩壊シ土砂ヲ埋ム為ニ二十艘ヲ限リトス陸奥石巻ヨリ相州浦賀港マデ東洋航海ノ一良繋泊所トナス明治元年戊辰五月輪王寺宮上野落去ノ際奥州ノ諸藩士隋従本港ニ上陸ス————————————————。

　寛永年間は、寛永元年（1624年）より、寛永20年（1643年）、**1624〜1643年**。

(3) 小峰家の菩提寺：成顕寺（2017-6-29撮影）

大塚山　成顕寺
　法華宗（本門流）

山門
棚倉藩家老の門を移築したと伝えられる。
昭和46年修復、平成6年銅版屋根に改修

旧開山堂
小峰　武左エ門が施主（元禄2年（1689年）
建替え解体工事で判明。
開山堂（位牌堂・納骨室を含む）平成7年地鎮式

寛文6年（1666年）徳川光圀の寺
社整理あるも、当山は水戸領でなく
棚倉領で安堵を得る。

小峰家
　先祖之墓

56

成願寺開山堂の棟札の
「元禄二年(一六八九)九
月、開山堂の造立施主に小峰武左エ門の
名前があること」解体の際判明した。

平成八年五月十七日

　　宗教法人　成願寺　代表役員　鈴木　随順

＊この写真は、平成30年４月２５日撮影、平成８年5月当時文字は、鮮明であった。

日弁上人の五百年遠忌を記念して、文化7年（1810）に建立された追善供養：

場所：高萩市赤浜の法華堂（松が丘高校裏門）

造立願主：多賀郡仁井田村の大塚山城顕寺の十二世日領住職

【台座の西面】　寄進者に、平潟村小峰長右衛門あり

平潟村講中

金百疋	道節	小峰道節
金一両	半兵衛	菊池半兵衛
	七兵衛	
	半右衛門	
	長右衛門	小峰長右衛門
	助四良	
	治兵衛	

の他、八名が続き、北面には、

金二分二朱　大津村講中
金百疋　　　平潟　武次右門
金百疋　　　九浦　治右衛門

とあり、東面をみると、

金百疋　　　神岡村講中
金百疋　　　助十良
　　　　　　伊左衛門
　　　　　　六兵衛
　　　　　　丑右衛門
金二百疋　　六左衛門
金二両二朱　仁井田村
　　　　　　題目講中
金百疋　　　弥太郎
　　　　　　弥五兵衛

＊ときわ路　第5号　評伝　神永喜八（五）　常磐炭田のフロンティアより

（4）小峰家のお墓（屋号）（2016-9-25撮影）
　　　他家（小峰家）の屋号は、白河屋、会津屋、福島屋

＊屋号から福島県白河方面から北茨城市に移住が推定される。

＊お墓の整備：　大正甲子13年（1924年）　　小峰　昌照
　　　　　　　　昭和57年2月（1982年）　　　小峰　定雄

(5) 新井喜六郎（小出播磨守家来、本国父父旗本苗畠山）位牌の謎

　お位牌に、何故か新井氏が含まれ、**新井**白石（儒学者で政治家）と共通する部分（豊臣秀吉の小田原征伐に関連で没落）もあり、**整理した。**

　白石の先祖は、上野国新田郡新井村（現在の群馬県太田市）の土豪で源氏であったが、**豊臣秀吉の小田原征伐により没落した。**祖父は勘解由殿と呼ばれ、祖母は相模国の染屋の藤氏で、**常陸国下妻庄**であの世の人となった。白石の父である新井正済が上総の久留里藩に仕官していた時に白石（明暦の大火、1657年）が生まれた。

①新井喜六郎（**1639〜1679年**）、②新井　道悦、　③武井与右衛門妻「おそめ」
　　小出播磨守家来　　　　　　　城本（？）家来　　　　新井　道悦の姉
　（本国父父旗本苗畠山）　　　　生国：江戸　　　　　　（1674〜1714）
　妻：濱喜平次の娘「おまん」　　（？〜1736）
　　（？〜1694年）　　　　　　　裏面は真っ黒、文字は不明

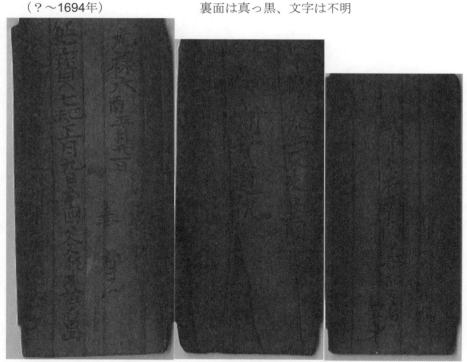

　＊**小峰　長右衛門**（1653〜1729年）は、**棚倉藩内藤豊前守役人として、過ごしている。**
　新井喜六郎（1639〜1679年）は、夫婦で過去帳に収まっている。新井　道悦も、姉・弟で過去帳に収まっている。

　　明暦の大火（1657年）後は、江戸市中は、武家中心社会（天守閣再建せず）から、市民中心社会（隅田川に両国橋を掛けて、市民の安全を優先）に変貌（四代将軍：家綱）。

【新井喜六郎：宝永 16 年（1639）〜延宝 7 年（1679）、40 歳没についての推定】
①「小出播磨守の家来」について：「小出播磨守」には、3 人が任命されている。
　　「小出家」では、初期より一番多い官位である。

	時代年（生まれ〜没）	藩主	官位
①小出秀政（父）	天文9（1540）〜慶長9（1604）	岸和田藩初代	播磨守
②小出吉政（長男）	永禄5（1565）〜慶長18（1613）	岸和田藩二代	播磨守
③小出吉重 （小出姫の父）	慶長12（1607〜 延宝2（1674）	**出石藩**第五代	修理亮

＊「**但馬**出石藩小出家」は、窪田藩（現：福島県いわき市勿来町窪田）（江戸時代の初期の藩：**内藤家**
　と姻戚関係）と関係が深い事が、「窪田藩の研究」で判明したので、関連部分を整理した。
・出石藩小出家の「小出姫」は、窪田藩の土方（ひじかた）雄隆に嫁いで、「小出御前」と呼ばれる。
・父は、「小出吉重」（出石藩五万石）（寛文六〜延宝元）、母は、久留米藩二十一万石有馬豊氏の娘。
・窪田藩（元和8年1622〜貞享元年1684）は、三代目土方雄隆の時に「お家騒動」で、改易される。
・その後は、幕府領になり、次いで**棚倉藩領**に組み替えられた。
　　＊新井喜六郎は、「小出姫」と共に、窪田藩に入り、土方家の改易と共に、当家「小峰家」に来
　た可能性あり。

②「本国父父旗本苗畠山」について
・畠山氏は足利氏の支流で**室町時代**には**三管領**として栄えた名門家である。
　＊「本国父父旗本苗畠山」は、可能性あり。
　　尚、現北茨城市**関本町福田**は、江戸時代は、**天領旗本領**であった。

【歴史ロマン雑感】
　私事で恐縮だが、過去の身近な歴史を掘り起こしていると、あまりにも偶然で、不思
議な事が多く、身震いする。私が生まれた故郷は、福岡県**太宰府市**で、小学校の遠足で
一番行ったのが「四王寺山（岩屋城）」だった。ここで、戦国大名「立花宗茂」が「高
橋紹運」の子として誕生している。高校は、福岡県**久留米市**で「**久留米藩：有馬家**」の
本拠地である。
　豊臣秀吉により改易された「結城小峰」、徳川家康により改易された「立花宗茂・丹
羽長重」、さらには窪田藩（お家騒動で改易）での「小出姫」のドラマには、「過去⇒現
在⇒未来」と流れが感じられる。

＊江戸時代の元号と西暦の関係表

慶長 08	1603	正徳 01	1711	天保 01	1830
19	1614	05	1715	14	1843
元和 01	1615	享保 01	1716	弘化 01	1844
09	1623	20	1735	04	1847
寛永 01	1624	元文 01	1736	嘉永 01	1848
20	1643	05	1740	06	1853
正保 01	1644	寛保 01	1741	安政 01	1854
04	1647	03	1743	06	1859
慶安 01	1648	延享 01	1744	万延 01	1860
04	1651	04	1747	文久 01	1861
承応 01	1652	寛延 01	1748	03	1863
03	1654	03	1750	元治 01	1864
明暦 01	1655	宝暦 01	1751	慶応 01	1865
03	1657	13	1763	03	1867
万治 01	1658	明和 01	1764	04	1868
03	1660	08	1771	明治 01	1868
寛文 01	1661	安永 01	1772	（9/8）明治に改元	
12	1672	09	1780	45	1912
延宝 01	1673	天明 01	1781	（7/30）大正スタート同日	
08	1680	08	1788	大正 01	1912
天和 01	1681	寛政 01	1789	15	1926
03	1683	12	1800	（12/25）昭和スタート同日	
貞享 01	1684	享和 01	1801	昭和 01	1926
04	1687	03	1804	64	1989
元禄 01	1688	文化 01	1804	（1/7）まで	
16	1703	14	1817	平成 01	1989
宝永 01	1704	文政 01	1818	（1/8）から	
07	1710	12	1829	30	2018

＊明治６年１月１日より太陽暦（グレゴリオ暦）採用

長禄 01	1457	万治 02 己亥歳	1659	元禄 02	1689
（海徳寺：真言宗）起源		（武左エ門の母）没		（成顕寺：開山堂施主）	

第5章　北茨城市平潟町の今昔（商港→漁港→民宿等へ）

（1）江戸幕府成立（1603年）前後の平潟（ヒラカタ）村
○江戸幕府（1603年）成立前後の主な出来事

元号	西暦	主な出来事
文禄四	1595	太閤検地は、豊臣秀吉が日本全土で行なった検地（田畑測量）
慶長五	1600	関ヶ原の戦い。
慶長六	1601	多賀郡の北部（現在の北茨城市と高萩）を支配していた岩城氏が改易となる。出羽角館から戸沢政盛が常陸国に移封。
慶長八	1603	徳川家康が、江戸幕府を開く。
		立花宗茂（1603〜1620）、陸奥棚倉で1万石の大名へ。同地で加増され最終的に3万5千石へ。1620年、福岡柳川10万9千石へ
慶長十	1605	徳川秀忠が第二代将軍（1605〜1623）。
元和元	1615	大坂冬の陣（1614）、大坂夏の陣。豊臣氏は滅ぶ。
元和八	1622	平潟は棚倉藩に編入　初代城主：丹羽五郎左衛門長重（1622〜1627）
元和九	1623	徳川家光が第三代将軍（1623〜1651）。参勤交代（1635〜）。
寛永四	1627	二代城主：内藤豊前守信照（1627〜1665）
寛永十三	1636	伊達政宗死没（70歳）。

○関ヶ原の合戦（1600年）以前は、岩城領。

　　＊文禄四年（1595年）検地。　　　＊図説　北茨城市史（p78〜80）より

	主な村	石高
関本分	平かた村、大津村、神岡村	五千六十四石
車分（車丹波守）	磯原村、小津田村、臼場村	四千4百三十石
竜子分（大塚氏）	大塚村、下手綱村、上手綱村	壱万千百三十四石

	大船	小船	猟船	丸木線
ひらかた村	三艘		十艘	七艘
磯原村			五艘	
大津村			六艘	七艘
足洗村		二艘		
関下下ノ村	二艘		一艘	

＊ひらかた村は、近隣の港では、一番栄えて、全部で二十艘が記録されている。

（2）江戸時代：江戸幕府成立後は、商港で発展
○東廻海運の開発

仙台藩は早くから寄港地としての平潟に注目し、寛永年間（1624～44）港内の大石を取り払い、築港したと伝えられる。さらに仙台藩は、平潟の地に**仙台陣屋**を置き、「常州平潟御穀役人」を常駐させた。**棚倉藩**もまた自領である**平潟に陣屋**を置き、廻船の取り締まりにあたった。明暦元年（1655）秋田藩が土崎港から津軽海峡を通って**江戸に廻船を出す**にいたって完成した。

寛文十年（1670）豪商河村瑞賢が**幕府の命**を受けてこの海運の刷新に成功、廻船の安全と所要日時の短縮がはかられ、以後東廻海運は大いに発展する。**鈴木主水**が浦役人に任命される。
＊仙台米の江戸回漕、17世紀末から18世紀中ごろには平均20万石前後の江戸廻米を記録している。貞享元年（1684）には、33万石を数えたと記録されている。

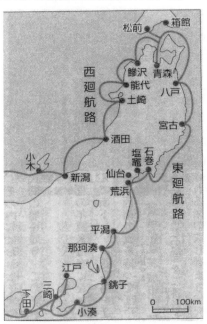

＊仙台市史　通史編4（近世2）　第四章-第三節　流通機構の拡大（東廻海運の展開）より

○廻米

寄港地としての**平潟**には、松前、箱館、八戸、宮古、気仙沼、石巻、仙台、那珂湊、**浦賀**、江戸などの船が入港し、交易を行った。これら諸国の廻船は、定まった「船宿」に滞留した。船宿は、出船・入船を**棚倉陣屋**に届け、**帆役銭**（一種の通行税）などを取り立て納入する役目を負っていた。と同時に船宿は、荷受問屋、廻船業をも営んでいた。**幕末期の船宿**として、武子市兵衛、鈴木主水、**菊池半兵衛**、赤津徳兵衛、根本万平、武子藤右衛門、鈴木忠三郎、気仙屋孫右衛門、加賀屋政五郎、和泉屋紋兵衛などの名がみえる。

〇棚倉街道（現在：県道 27 号線が中心、大津港～塙線）
　平潟を出て粟野、福田、根岸、**山小屋**、楊子方、**平袖**、**才丸**、山小川、**那倉**、**大畑**（または大蕨）、**川下**、**常州北野**、堀越、豊岡、寺山、**棚倉と十四里（56 キロ）の距離とされ、山小屋、才丸、山小川、那倉、大畑（または大蕨）、川下、常州北野を荷物継立場**としていた。
＊現関本地区（粟野～平袖）で一番古い石塔は、平袖部落にある一王子神社にあり。延宝元丑十月(1673 年)
　　　　←郷土の石塔石碑(北茨城市関本中学、昭和 55 年 3 月)より
＊**宝永 2 年(1705)、棚倉藩の表玄関（平潟港）として次の記録がある。**
　　棚倉藩の御城米番船 2 艘、水主（かご）24 人が年中つとめていた。←街道の日本史 13

〇塩と鉄
　平潟の商人は、棚倉方面から送り出された米、板、角材を船に積み、**浦賀**、江戸へ向かった。そして、大消費地江戸においてこれらの積荷を売り払い、戻り船には、**浦賀**、江戸の塩問屋から**塩**を買い付け平潟に下った。塩は瀬戸内海の塩田地帯で生産され、塩廻船によって江戸、浦賀へもたらされたものである。平潟に陸揚げされた塩は、廻船問屋豪商安満屋等により牛の背にくくりつけられ、平潟街道（棚倉街道）をへて棚倉方面へ送られた。内陸部棚倉方面の醤油、味噌醸造にとっては欠くことのできないものであった。因みに平潟街道は**「塩街道」**とも呼ばれていた。
　この同じ塩街道を、**鉄**もまた牛の背に揺らされながら棚倉城下に運ばれた。平潟に陸揚げされた鉄は、古くは江戸商人の手をへた備中鉄であったが、明和期(1764～71)頃から南部鉄が買い付けられるようになった。南部鉄は、三陸海岸の宮古鍬ヶ崎（岩手県宮古市）の鉄宿に集められ、ここから各地に売り出された。売り出された総量の 40～50％は平潟揚になっている。平潟の鉄問屋は小松甚十郎衛（和泉屋）であった。小松のほかに鉄を扱った商人としては駿河屋与兵衛、鈴木忠三郎、武子市兵衛、菊池半兵衛などがいた。

○主水屋敷

　河村瑞賢の海運刷新の時、**寛文10年(1670)**には、平潟は寄港地に指定され、**鈴木主水**が浦**役人**に任命されている。

五百城文哉（横山大観と同じ水戸で先輩）も"主水屋敷"に、**明治33年**頃滞在して平潟港を描いた。

ベルトラメリ能子（イタリア歌曲ソプラノ歌手、日伊音楽協会理事、国立音大講師等）は、**明治36年4月1日**、当時鉄家の別荘であった当家で生れた。

風化する前の"主水屋敷"

昭和50年頃は、茶・生け花教室等に利用も、現在は更地

○平潟洞門

　平潟洞門の碑は、**安永7年(1778年)**に、洞門掘削工事に関わった人々の誠意と努力を後世に伝えるために建てられた。元来、平潟から九面に通じる道は牛馬も通れないほどの急な坂道だったが、この洞門の完成により人々の往来が非常に便利になった。

〇八幡神社

　創建は不明だが、案内には寛文9年(1669)に**平潟町鎮守・八幡神社**をこの地に遷座した、とあった。御祭神は誉田別命。元の社殿は、天保6年(1835)に焼失してしまったため、現社殿は、**嘉永6年(1853)**に再建された桃山様式の寺社建築で、総けやき権現造りの優美さと荘厳さを兼ね備えたものである。
　この八幡再建では、*庄屋の鈴木主水と菊池半兵衛が中心で，武子家・菊池家・鈴木家・根本家・赤津家・小松家・高橋家・後藤家・小峰家等の寄金あり。<u>洗濯屋</u>仲間　**120両**、<u>仲宿</u>中**100両**の寄金もあり。諸国廻船調べでは、西は越後、北は松前・函館・仙台（石巻が最多）、南は那珂湊・江戸・**浦賀**・大阪からの募縁あり。
(注)平潟の遊女屋は<u>洗濯屋</u>と呼ばれた。凶作にあえぐ天明年間（1781～1788）、山崎屋武次右衛門他4人の者が、諸廻船のまかないを洗濯下女に行わせ、その間に運送の手はずを整えれば、廻船の入港も多くなり洗濯下女興しになる、との理由で、一軒につき洗濯下女の召抱を願い出て渡世の許可を得た。これが平潟の洗濯屋の始まりである。その後文政12年(1830)には、洗濯屋は8軒に増え、これに不可分に結びつく<u>仲宿</u>43軒が仲間を結成、隆盛をきわめた。（鈴木禎著、平潟あたりの歴史探訪----江戸時代・明治時代より）

　小宮山楓軒は、**文政10年（1827）**奥州への旅の途中平潟を目のあたりにし、「**繁栄している土地だ。狭い所だけれど２００余りの家がある。遊女屋も７軒ある。金持の商人が多く、瓦屋根の家々がまるで魚の鱗のようにつながっており、まるっきり都会のようだ。小さな港だけれども、入舟が絶えないから、このように賑わっているのだろう**」とその繁栄ぶりを書きとめている。

*庄屋の鈴木主水と菊池半兵衛は、平潟村誌の人物なり。

【鈴木主水】について

常陸國多賀郡平潟村

人物

姓名　鈴木主水

産地　不詳

生卒　生卒年月日不詳

事蹟　鈴木主水ハ初メ丹羽武部ヲ輔氏族ニ仕ヘ大坂ノ役道明寺ニ於テ武功アリ元和年中水戸威公ニ仕ヘ二百石ヲ賜ハリ大番組頭ニ挙ゲ
寛永年中横奉行ニ進ミ翌年妻子ヲ引シ出奔シ書ヲ遺シ曰ク
予不肖微禄ニ安シ今日ニ至ルモ浪々飢寒ニ迫ルヲ恐ルニ非ズ
テリ今ヤ職ヲ轉ジ大坂戦即チ稱セシ ナルハ宣ニ禄ヲ加ヘシビ
而メ然ルガ故ニ退去スト云々（東後雑話）寛永年中伊達氏港
湾開修ノ降此地ニ来リ談工事ニ興リ功アリト云ウ子孫今猶此々
住ス。

* **寛永年中**（1624〜1643年）**伊達氏港湾開修ノ際ニ来テ談工事ニ興リ功アリト云ウ子孫
今猶此々住ス。（ページ55参照）。
* 常州平潟の仙台陣屋（雫石太郎著）に、「今の東防波堤のあたりに仙台から持って
**きた水成岩を沈め形ばかりの波よけを作った。—————、それがその名残だ
と云ってゐる。よってこの港の築港が仙台藩だと云ふも過言ではあるまい。」の記
述がある。

【菊池半兵衛】について

姓名	菊池半兵衛（谷壹ト号ス）
産地	常陸國多賀郡平潟村
生卒	寛政八年六月廿三日生 明治四年四月一日卒ス、
事蹟	天保嘉永ノ間米穀食塩海運商買ヲ以テ三傑ト称さル、ニ、

（事蹟本文）
江戸深川山尾喜介ハ兵庫和泉屋与兵衛ハ当時米穀安満屋半兵衛ハ皆此業ヲ以テ一代一家ヲ興ス平時米穀穀百戸ヲ備ヘ凶荒ニ備フ天保七年ノ凶災明治二年ノ三年、荒歉米價ノ騰貴ニ際シ貧民ニ金穀ヲ施与シ又庫價ヲ米ニ需ヨリ衆庶ヲ給シ領主棚倉ノ城主松平氏半兵衛ノ功ヲ以テ二枚下ヲ賜ヒ士籍ニ列ス文久二年水戸ノ藩主ニ百金千両ヲ献シ同士格ニ列シ旅ヨリ扶助ヲ賜ヒ又奥羽ノ信伯ニ周度ノ輙ニ公扶持米ヲ給シ若干ヲ時國事漸ク多端諸浪士常ニ出没ス氏之ニ金銭ヲ投シ為ニ良民ヲ掠ルニ其里正ノ上席トシテ天保十年ニアリ両度道路ノ繕ニ費ヲ開設シ実ニ投シテ四千者ヲ養ニ村氏ノ輙臨ノ一洗ニ美ヲ勧メ思ヲ徳ヲ同氏ノ本村ニ荒ハ其功大ナリト調ヘシ

---

* 寛政8年（1796年）生れ、天保嘉永ノ間（1830〜1856年）米穀食塩海運商売ヲ以テ三傑ト称セラル、——————凶災時の対応に対し**棚倉藩主から士籍に列される**。——————文久二年（1862年）**水戸の藩主**が上京の金千両を献し同士格となり、——————当時国事漸く多端諸浪士常に出没し氏之に**金銭を投し為に良民を掠む**るうなからしむ——————」。

（3） 明治元年（慶応4年）：輪王寺宮・政府軍の平潟港上陸

　慶応 3 年（1867）12 月、王政復古の大号令によって徳川幕府は瓦解したが、あくまで新政府に反抗する勢力もあって、内乱の炎は、明治 2 年（1869）北海道の五稜郭による旧幕軍が、新政府の軍門に降るまで、全国でうずをまいた。

　平潟では、慶応 4 年 5 月 28 日彰義隊の残党に守られた輪王寺宮能久親王が、旧幕府の軍艦に搭乗して平潟に上陸し、鈴木主水屋敷に休憩ののち会津を目指して去った。

　6 月になると、海路（軍艦三隻）、陸路を経て新政府軍の薩摩、備前、柳川、大村、佐土原の5藩兵が平潟に集結し、ここに平潟口総督府が置かれるに至った。これは11月、総督が凱旋するまでつづき、当地方は奥羽征伐の一拠点となった。

　平潟の海徳寺には、その頃病死した新政府軍兵士の墓地がある。新政府軍からの求めに応じ、当地方の人々は人馬の調達に奔走したり、石炭を供出したりした。

　尚、新政権の成立と共に、水戸藩や川越藩（平潟は慶応 2 年、川越藩領へ）は、いち早く新政府に忠誠を誓った。

輪王寺宮平潟上陸の図

海徳寺境内にある政府軍兵士の墓

（４）明治20年〜45年頃：平潟の絵図・写真等多く残る
　①明治２３年１０月

　　（ア）平潟港の全体図

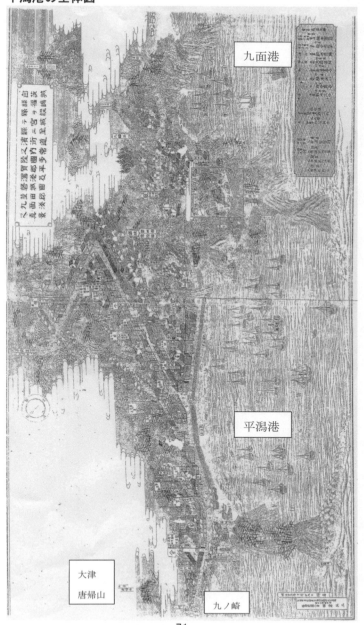

（イ）平潟港の本町・海岸・井戸ノ入り周辺

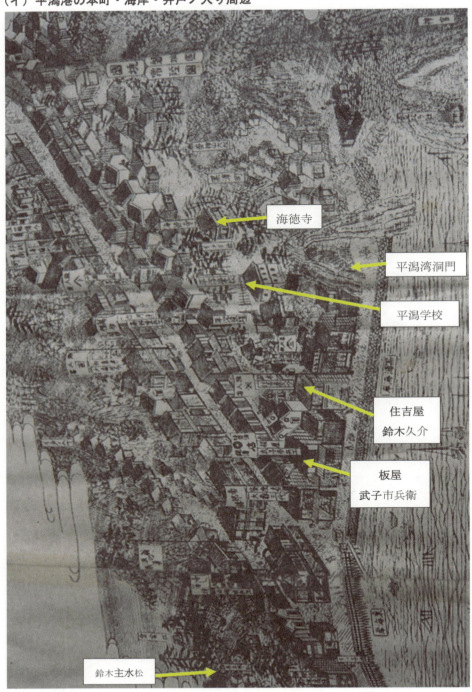

(ウ) 平潟港の仲東・東周辺

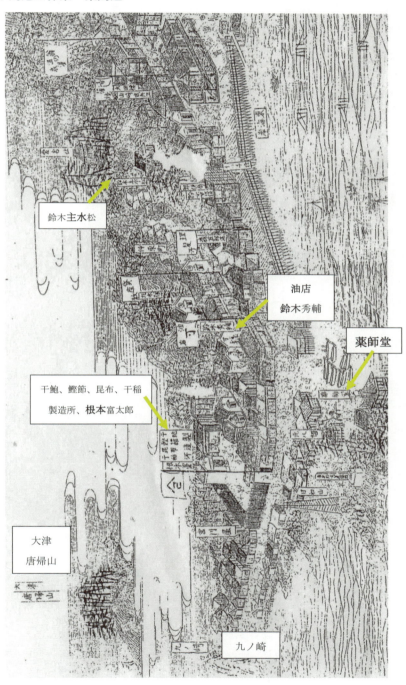

②明治33年頃　絵画

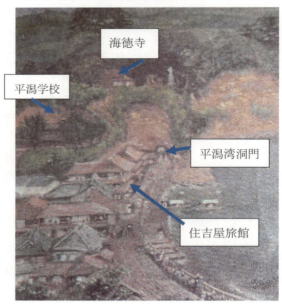

③明治35年頃　「勿来みやげ」より（ページ9も参照）

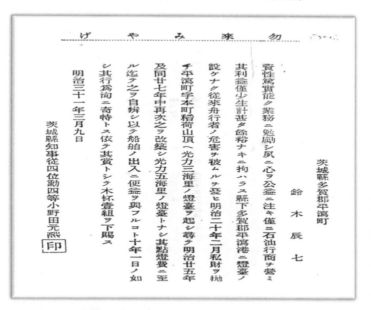

　明治20年に平潟町字本町**稲荷山**山頂へ**燈台**が、**鈴木辰七**の私財で設置され、明治**27年改築時**、五海里（約9.3ｋｍ）の燈台となる。

　明治42年写真（ページ76）では、稲荷山の山頂に堂々と立っている。

　土台は、当時の縁を今も残している。

　明治35年頃の廻船問屋「**赤津徳兵衛**」（平潟海岸通）の様子（塩・米）が分かる。
水戸藩主徳川斉昭候（第15代将軍徳川慶喜の実父）が平潟の時は、ここが定宿であった（赤津家「阿波屋」に伝承）。

④明治42年8月　撮影（Port　Hiragata　Hitachi）絵葉書

Port Hiragata, Hitachi. (1)　　　常陸平潟港 其一

主水屋敷

Port Hiragata, Hitachi. (2)　　　常陸平潟港 其二

薬師様

（５）平潟の御舟祭（常陸大津の御舟祭に関連して）

　常陸大津の御舟祭が、「国指定重要無形民俗文化財」に、平成２９年３月付けで指定され、同年５月に臨時大祭が盛大に行われた。同時に、関連文献も整理され、「佐波波地祇神社　国指定民俗無形文化財常陸大津の御船」も出版された。

　平潟町の類似行事も整理されていた。昭和２７年を最後として、現在は、消滅している。

　「**常陸大津の御船　総合調査報告書**」には、以下の写真（絵葉書）あり。

① 「**平潟八幡神社大祭典ノ歌子**」：正装した人が整然と行進。
② 「**平潟八幡神社大祭典ノ御出社**」：写真右下に神輿が見える。見物人は多数。
③ 「**伝馬船ニテ御船ニ移載**」：お迎え船に載せられる前に、伝馬船に載せられる場面。
④ 「**御神輿ノ乗船ヲ待ツ御舟**」：奥には、国旗と吹き流しを飾った多くの供奉船が見える。

①平潟八幡神社大祭典ノ歌子

②平潟八幡神社大祭典ノ御出社

③伝馬船ニテ御船ニ移載

④御神輿ノ乗船ヲ待ツ御船

⑤「平潟八幡神社大祭典ノ御船」：屋形船に神輿が見える。
⑥「黒浦区のツクリモノ」：区ごとに「ツクリモノ」が出されたとされている。
⑦「平潟八幡神社大祭典御還幸ノ神輿」：波打ち際で神輿をもむ人々が見える。
⑧「平潟八幡神社大祭典ノ神官ト稚子」：弓を持つ稚子や行列の供奉者も。

⑤平潟八幡神社大祭典ノ御船

⑥黒浦区のツクリモノ

⑦平潟八幡神社大祭典御還幸ノ神輿

⑧平潟八幡神社大祭典ノ神官ト稚子

（６）平潟小学校の変遷、市町村名の変遷

〇平潟小学校

年月	沿革
明治　５年	①学制の発布により鷹岡氏所有の家屋を借りて、**五洞学舎**と称する。
７年２月	②その校舎は辺境の地にあり、その上、通学路の数か所に洞門あり、児童の通学に不便なため、**海徳寺**を借りて移転し、**平潟小学校**と改称する。
大正　６年	③**本町370番地に校舎移転**、校地1,381坪、校舎建坪272坪
昭和３２年３月〜４月	④陸上自衛隊勝田駐屯部隊の訓練作業により、**鹿野原台地を整地し**、1,650m² を造成する。
４０年２月	④落成式挙行

＊明治５年鷹岡氏家屋からスタートし、昭和４０年までに３回移転。
　昭和３３年、国道６号線、平潟隧道（トンネル）開通。

＊平潟小学校のホームページ（学校の移りかわり）より

①五洞学舎のあった鷹岡氏の宅

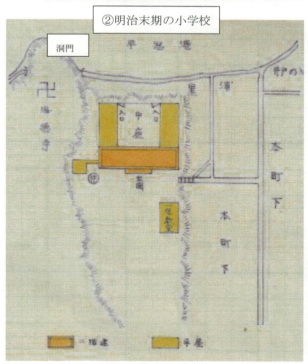

②明治末期の小学校

③大正6年：新校舎全景

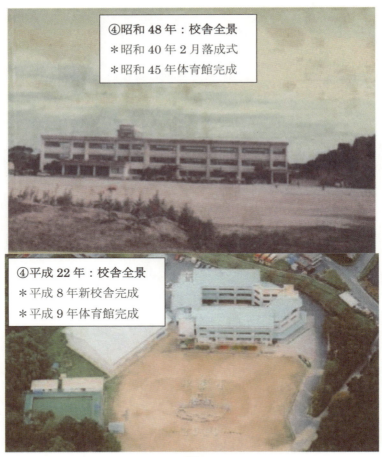

④昭和48年：校舎全景
＊昭和40年2月落成式
＊昭和45年体育館完成

④平成22年：校舎全景
＊平成8年新校舎完成
＊平成9年体育館完成

『平潟小学校校歌』

昭和31年4月1日 町村合併により北茨城市誕生。北茨城市立平潟小学校と改称。
校歌を制定する。(＊佐藤佐太郎作詞，林光作曲)

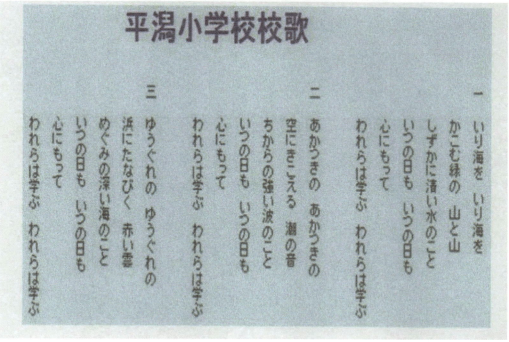

平潟小学校校歌

一
いり海を いり海を
かこむ緑の 山と山
しずかに清い水のこと
いつの日も いつの日も
心にもって
われらは学ぶ われらは学ぶ

二
あかつきの あかつきの
空にきこえる 潮の音
ちからの強い波のこと
いつの日も いつの日も
心にもって
われらは学ぶ われらは学ぶ

三
ゆうぐれの ゆうぐれの
浜にたなびく 赤い雲
めぐみの深い海のこと
いつの日も いつの日も
心にもって
われらは学ぶ われらは学ぶ

＊ 佐藤佐太郎は、平潟小学校を卒業、16歳まで平潟に過ごす。大正から昭和にかけて活躍した近代短歌の歌人で、斉藤茂吉の愛弟子。晩年は、現代歌人協会理事や宮中歌会始選者、「毎日新聞」歌壇選者などを努めた日本短歌界の第一人者である。

○平潟の地名、村⇒町⇒市への変遷

＊北茨城市史編さん資料（1）　　昭和56年3月31日発

明治4年村名：多賀郡**平潟村**、　　　市制町村制：**明治22年4月〜：多賀郡平潟町**、

昭和31年4月1日〜　**北茨城市**平潟町　　尚、昭和41年4月1日市条例改正により地番変更

平潟（ひらかた）

本町　ほんちょう
沼ヶ作　ぬまがさく
切岩　きりいわ
黒浦　くろうら
小中　こなか
大原内　だいばらうち
鹿ノ原　かのはら
山ノ田　やまのだ
北作　きたさく
蛭田　ひるた
田ノ作　たのさく
長浜　ながはま
東町　ひがしちょう
井戸ノ入　いどのいり
経塚　きょうづか
九ノ崎　くのさき
川岸通　かわぎしどおり

【平潟町に電燈が灯ったのは何時からか】：1913 年（大正 2 年）から

　1879 年10 月21 日に、エジソンがメンロパーク研究所で、炭素フィラメント（京都にある八幡男山の岩清水八幡宮の境内に生えていた真竹）白熱電球にて、はじめて40 時間にわたって連続点灯に成功した。それ以来、ガス灯の時代から電燈の時代になった。

　多賀電気株式会社（現・高萩市）、1912年（大正元年）12月に設立した。松原発電所（現・高萩市安良川）は1913年（大正2年）9月16日に運転を開始した火力発電所である。多賀郡8町村（松原町・豊浦町・櫛形村・日高村・平潟町・大津町・関南村・北中郷村の一部）に供給された。

明治時代　電気の歴史年表

1879 年（明治 12 年）

●エジソン（米）が白熱電灯を実用化。「あかりの日（10 月 21 日）」の由来

1881 年

●エジソンによって世界初の電灯事業がニューヨークで開始される

1882 年

東京・銀座にアーク灯が灯され、市民が初めて電灯を見る

1885 年

日本初の白熱電灯が東京銀行集会所開業式で点灯される

1886 年

初めての電気事業者として東京電灯会社（現・東京電力の前身）が開業

●アメリカで変圧器による交流配電が成功。最初の交流発電所が設立される

1887 年

名古屋電灯、神戸電灯、京都電灯、大阪電灯が相次いで設立

東京電灯が第二電灯局を建設、日本初の火力発電所が誕生（出力 25kW）。家庭配電（210V 直流）を開始

1889 年

アメリカから交流発電機を輸入し、大阪電灯が交流式配電を開始

1901 年

東京電灯が国産変圧器の使用開始

1905 年（明治 38 年）

茨城電気設立

＊ 岡倉天心・大観・春草・観山・武山の五浦時代は、電燈の無い時代であった。

＊ 北茨城市上水道事業は、昭和26 年に勿来市（現在のいわき市）との上水分譲契約によって、計画一日最大給水量2,025m³/日で創設された。

（7）第二次世界大戦（風船爆弾：北茨城市平潟町長浜海岸：昭和19年秋～同20年春）

　風化させてはならない、人類の負の遺産が世界各地にあるが、ここ茨城県北茨城市にもある。五浦と平潟間の通称<u>長浜</u>（<u>岡倉天心</u>が明治36年5月頃歩いた場所）である。

　第二次世界大戦で敗色が濃くなってきた日本軍は、風船爆弾によってアメリカ合衆国を直接攻撃することを計画。攻撃は昭和19年11月初旬に開始され、同20年4月初旬に終わった。太平洋上空を吹くジェット気流が一番強い時期に実施された。風船部分は、直径10m。他に2か所あったが、最後は海水から水素をとる装置をもつ唯一の大津基地だけが放球攻撃を行った。

　9300個が放流、アメリカ合衆国、カナダ、アラスカ、メキシコなどに届いた風船爆弾は約280個。戦局を左右するほどの効果はなかった。オレゴン州で不発弾のため6名が死亡。原子爆弾製造工場の電線にも風船爆弾がひっかかり、3日間作業休止になった。原因不明の山火事も日本の直接攻撃と分かって、アメリカ側はあわてた。

　最も恐れたのは細菌弾でペスト菌などの散布だったが、日本軍は「報復行為をおそれよ」という発想から兵器化していた細菌を使用しなかった。もし使用していたら日本に対するアメリカの戦後処理は根本的に変わっていたであろう。

　多額の軍事費用や国民の労役、犠牲者を考えると、戦争ほど人類にとってむなしい行為はない。この事実を忘れてはならない。「図説・北茨城市史より抜粋」

　　　　　　　　　　　　　　　新しい誓い
　　海のかなた　　大空のかなた　　消えて行った　　青い気球よ　　あれは幻か
　　今はもう　　　呪いと殺意の　　武器はいらない　青い気球よ　　さようなら
　　　　　　　　　さようなら戦争　　　鈴木俊平　作家

（8）大正～昭和～平成(震災前)：平潟港の漁港等への変遷

　自然地形を利用した小規模な平潟港は、明治維新後の船舶の大型化に対応できず、出入船舶は大きく減少し、海上輸送基地としての地位は衰退した。特に明治３０年（1897）の常磐線開通による陸上輸送の発達は、平潟港における海上輸送の衰退を決定的なものとし、それ以降平潟港は漁港としての性格を強めていった。

　平潟港における漁業の特徴は底曳網漁の卓越であり、多業種かつ高級魚の漁業水揚げが現在でも平潟港の漁業経済を支えている。

　常磐線の開通以降の平潟町では、町の西方を南北に縦断する国道６号線が重要な幹線としての役割を担っている。ま、JR 常磐線大津駅までは約２ｋｍ、常磐自動車道北茨城インターまで約 12ｋｍと交通の便にも恵まれており、宿泊施設の利用や遊漁船での釣りなどで首都圏を中心とした地域から観光客の来訪も多い。昭和 45 年頃から民宿を中心とした宿泊施設が多く立地するようになり、名物料理「アンコウ鍋」や平潟温泉を観光資源として、宿泊客や観光客を集めている。

＊平潟港における底曳網船（2010 年）

＊遊漁船に乗船する釣り客の様子（2010 年）

＊平潟町の特産物アンコウの宣伝看板　　＊高級魚（ヤナギ：<u>常磐もの</u>のブランド魚）

○平潟町における漁業の変遷

年	平潟港における漁業関連の出来事	その他
1887（明治 20）	打瀬網による底曳漁が伝播	明治 22 年 4 月：平潟村⇒平潟町
1897（明治 30）		日本鉄道会社磐城線（水戸—平）が開通
1902（明治 35）	**平潟町漁業組合設立**	
1903（明治 36）	5 月頃、飛田周山が岡倉天心を**平潟経由**し、五浦に案内。大正 2 年まで五浦	
1915（大正 04）	開口板による底曳漁が伝播、打瀬網から転換	サンフランシスコ講和条約締結で母船式サケ・マス漁業が再開
1930（昭和 05）		昔「洗濯屋」と呼ばれた遊郭、営業止め
1953（昭和 28）	大洋漁業（株）の大型定置網操業開始	昭和 27 年、平潟港のお船祭り最後
1958（昭和 33）		国道 6 号線、平潟隧道（トンネル）新設
1964（昭和 39）	平潟の鈴木寅吉氏、アフリカ遠洋トロール漁業を計画（昭和 39）、水産庁の補助得て、三百噸鉄船を建造し、操業	平潟の鈴木多吉氏、昭和 38 年観光船鴎丸五トン、40 年観光船第二鴎丸九トンを建造し周航する
1966（昭和 41）	平潟煉製品水産加工業組合設立	
1968（昭和 43）	魚市場兼連絡事務所を設立	**平潟町で最初の民宿が開業** ＊海水浴ブームスタート
1970（昭和 45）	**1970 年代**、スタントロール船（50ｔ超の鉄製大型船）導入、漁獲量が増加	平潟・五浦民宿組合が設立
1973（昭和 48）		第一次オイルショック
1977（昭和 52）	北転船営業が難しくなる	200 海里規制開始
1979（昭和 54）	大型船による操業のコストが高くなる。以降は、底曳船の小型化、休廃業	第二次オイルショック
1985（昭和 60）		プラザ合意以降の円高（水産物輸入の急増、魚価低迷など）
1988（昭和 63）		常磐自動車道北茨城 IC 供用開始
1993（平成 5）	1990 年代以降は、20ｔ以上の漁船は大幅に減少。船主の廃業で転換期へ	民宿協会が「どぶ汁」の提供開始 ＊グルメブームスタート
2002（平成 14）		アンコウ鍋看板の設置
2005（平成 17）	現在の船主は、すべて 15〜19ｔの沖合・小型底曳船を経営	アンコウのブランド化推進委員会」結成
2011（平成 23）	福島第一原発事故で操業停止	3 月 11 日東日本大震災発生 M9.0
2013（平成 25）	5 月 7 日から本格的にシラス漁などの操業を再開	老舗割烹旅館「保養館」は、震災後は営業停止

＊（地域研究年報　34　2012　1-37）等を参考に編集

（9）平成(震災後)：北茨城市の津波被害は、茨城県で最大。

〇東日本大震災

２０１１年３月１１日午後２時46分開始（約５分で約500ｋｍ×200ｋｍ連動）　M9.0

震源：三陸沖（牡鹿半島の東南東約130ｋｍ）、深さ約24ｋｍ　発生午後２時４６分１８秒

＊三陸沖中部、宮城県沖南部海溝寄り、福島県沖、茨城県沖、三陸沖から房総沖の海溝より
　りの六つもの個別の領域が同時に震源域となった。（Newton　2011-6 より）

２０１１年３月１１日午後３時１５分　M7.7

　震源：茨城県沖（犬吠岬の北東約50ｋｍ）、深さ約43ｋｍ

　＊茨城県ひたちなか市工場（過去10年の最大の地震）震度５、150 ガル弱位。今回は
920 ガルということで、その当時はまったく想定もしていない、とんでもない地震だった
と」。（茨城ニュースいば6、2015-11-11　NHK放送より）

【福島第一原発事故】

　２０１１年３月１２日午後０３時３６分　　1号機原子炉建屋が爆発
　　　　　１４日午前１１時０１分　　　　3号機原子炉建屋が爆発
　　　　　１５日午前０６時頃　　　　　　4号機原子炉建屋が破損
　　　　　１５日　朝～正午　　　　　　　2号機格納容器の破損が推定

〇大津波の被害甚大（東北太平洋沿岸、特に宮城県石巻市）

　東日本大震災による死亡者・行方不明者（２１２年３月１０日警察庁）

都道府県	死亡者（死亡者・行方不明者を含む）
岩手県（陸前高田市等）	4，671（陸前高田市約1800人）
宮城県（石巻市等）	9，512（石巻市約4000人）
福島県（南相馬市等）	1，605（南相馬市約1000人）
茨城県（北茨城市等）	24（北茨城市6人）
千葉県（旭市等）	20（旭市15人）
その他（東京都7人等）	22
小計	15，854
行方不明者（石巻市等）	3，155（石巻市約450人）
合計	19，009

○北茨城市平潟町の津波の惨状（死亡者・行方不明者北茨城市6人中平潟2人）
　平潟町でも被害が一番強かった東地区。近くには**津波の到達高さ（6.7m）**を示すモニュメントあり。震災直後の写真

大津波警報に対す避難について

≪反省する事ばかりである。≫

- 先ず、津波情報に対する認識不足。津波注意報→津波警報→大津波警報と情報に重要度があるが、全く意識なし。津波情報は出ても、実際に発生はなしが多い。その延長線上の行動の行動で、反省している。
- **今回は、大津波警報である。**「大津波警報（約60年間で5回目の発令）」が出たら、「高台に避難して、自分の身を守る」、更に「津波警報が解除になるまでは戻らない」を国民の常識にする必要がある。
- 「波が見えてからでは遅い。とにかく、即時避難しなければ身を守れません」。津波襲来の動画を見れば、「津波のスピード、破壊力」は、人間の能力では対応不可能です。「津波は逃げるが勝」です。

＊環境とカウンセラー　「東日本大震災を風化させない」
発行　NPO法人　茨城県環境カウンセラー協会　第10巻1号（2014年5月1日発行）より

(追記-1) 1960年（昭和35年）5月下旬、チリ地震津波時の平潟港
湾内の海水が無くなり、海底が見えている。
アワビ等の採取人も有って、不幸も発生したとの話も残っている。

1960年（昭和35年）チリ地震津波の時の平潟港

　チリ地震は、1960年（昭和35年）5月22日に南米チリのバルディビア近海を震源として発生した地震である。日本を含め、環太平洋全域に津波が襲来した。表面波マグニチュード(Ms)8.5、モーメントマグニチュード(Mw)9.5と、有史以来観測された中で最大規模の地震である。
　日本ではこの地震による津波の被害を大きく受けた。地震発生から22時間後に最大で6メートルの津波が三陸海岸を中心に襲来し、142名が死亡した。中でも被害が大きかったのは岩手県大船渡市で53名、宮城県志津川町（現・南三陸町）では41名が死亡した。
　当地北茨城では大きな被害はなかったが、この地震の被害から津波（特に遠隔地津波）に対する認識の甘さがあったことが指摘され、以降気象庁は海外で発生した海洋型巨大地震に対しても津波警報・注意報を出すようになった。

（追記-2）1895年（明治28年）大津波等の北茨城市

東日本大震災2011年（平成23年）3月11日に関連して、今から約120年前、1895年（明治28年）に発生して、北茨城市に甚大な被害を発生した記録（北茨城市史下巻より）を記述する。

○ **明治28年12月7日**、鹿島灘、常磐海岸の広い範囲にわたって大波が襲来、被害をもたらした。12月10日付「いはらき」新聞は、「60年来の大津波」という見出しのもと、「‥‥‥東岸一帯の地は狂瀾怒涛の天に沖して船を壊し家を覆し、茲に60年来未曾有の大津波を見るに至れり」と報じ、次の記述もある。　　同郡**平潟湾内碇泊中**

　　　　同郡北中郷村大字磯原**野口量平**持船日本形観英丸（二百廿石積）
　　　　東京銀座一丁目**日本セメント（株）**持船五号丸（九百廿九石積）
　　　　三重県志摩国英虞郡**竹内久三郎**持船日本形久吉丸（三百八石積）
　　　　の三隻は、七日午前八時頃**破壊**せしも死傷者なし。

大津波は茨城県の太平洋沿岸の広い範囲にわたったが、とくに多賀郡沿岸の被害は甚大であった。大北川川口もこの時埋没し、北中郷村では掘削工事を県に願い出たが「工費巨額得失償わず」として棄却された。港としての磯原は、ここに完全に命脈を絶つこととなったのである。

○ 大津波が北茨城地方沿岸を洗い去った時より二か月ほど前、**大津町では町の大半を灰燼**に帰した**大火事**に見舞われていた。
　　明治28年10月13日午前1時ごろ、諏訪町の一画に発した火は、おりからの西北の大風にあおられて火勢激烈となり、またたく間に諏訪町を焼き払い、西町、高砂町、仲町へと延焼、同3時ごろに鎮火した。
　この変災が報じられるや、各地から義捐金が寄せられ、天皇、皇后両陛下からは金五百円が下賜された。
　＊当時の未整備な消火施設なども惨事を招いた一因と反省されている。

○ 大津町はこれより先**コレラの流行**によって多くの人命を失い、その痛手から立直ろうとしていた矢先のきの火災であった。
　明治15年は全国的にコレラの流行をみた年であるが、多賀郡では312人の罹患者を数え、うち約62％の193人が死亡した。大津、平潟という港町の流行がはなはだしかった。次いでコレラの流行をみるのは**明治28年**である。この時は、日清戦争の終結により、出征兵士の帰還によって流行したものであった。多賀郡では227人の罹患者を数え、うち約67％の153人が死亡した。
＊漸次衛生思想が普及向上し、医療施設の整備が進められていく。

○現在の平潟港【2017-7-14撮影】

平潟港

東日本大震災((2011-3-11)

終わりに

　"五浦時代の岡倉天心を支えた人々と北茨城市平潟町の今昔"のタイトルで、貴重な文献・書類を整理しました。地域文化の風化防止と共に、これ等の事に興味ある人々の材料になれば幸です。

　今回の本の完成には、地元の海徳寺（小山家）、菩提寺（仁井田の成顕寺(鈴木家)）等からの資料提供を受けました。野口不二子様には、野口雨情関連資料使用の快諾を頂きました。小峰好雄氏には、資料調査で、各地に同行頂きました。編集に関しては、白濱洋征氏にアドバイスを受けました。皆様に感謝申し上げます。

（追記）
　昨今は、強欲資本主義が蔓延し、弊害が頻発しています。囲碁の格言に「貪れば勝ちを得ず」とあります。

　東北の風土と文化が生み、日本の財産である宮澤賢治の「雨ニモマケズ」の詩には、「人々の絆」の大切さと共に、皆の幸せを切望している姿に心を打たれます。

「雨ニモマケズ」（現代版）

雨にも負けず、風にも負けず

雪にも夏の暑さにも負けぬ、丈夫なからだをもち、

慾はなく、決して怒らず、いつも静かに笑っている。

一日に玄米四合と、味噌と少しの野菜を食べ

あらゆることを自分を勘定に入れずに、

よく見聞きし分かり、そして忘れず。

野原の松の林の陰の、小さな萱ぶきの小屋にいて

東に病気の子供あれば、行って看病してやり、

西に疲れた母あれば、行ってその稲の束を負い、

南に死にそうな人あれば、行ってこわがらなくてもいいといい、

北に喧嘩や訴訟があれば、つまらないからやめろといい

日照りの時は涙を流し、寒さの夏はおろおろ歩き

みんなにでくのぼーと呼ばれ、

褒められもせず、苦にもされず

そういうものに、わたしはなりたい。

引用・参考文献

書名　　著者　　　　　　　　　　　　　　　　　　　　　　　　　　　　　発行年

① 父岡倉天心　　岡倉一雄/岩波書店　　　平成25年（昭和46年復刻版に追加、昭和15年初刊）

② 岡倉天心をめぐる人々　　岡倉一雄/中央公論美術出版　　　平成10年（昭和18年刊改訂）

③ 祖父岡倉天心　　岡倉古志郎/中央公論美術出版　　　　　　　　　　　　平成11年

④ 曽祖父覚三　岡倉天心の実像　　　岡倉登志　　　　　　　　　　　　　平成25年

⑤ 岡倉天心と五浦　　森田義之・小泉晋弥編　　　　　　　　　　　　　　平成10年

⑥ 日本美術院五浦移転１００年　天心と日本美術院の俊英たち　　　　　　平成18年

⑦ 五浦六角堂再建記念　　五浦と岡倉天心の遺産　　　　　　　　　　　　平成24年

⑧ 五浦の岡倉天心と日本美術院　　清水恵美子　　　　　　　　　　　　　平成25年

⑨ 岡倉天心　五浦から世界へ　茨城大学国際岡倉天心シンポジュム2016　　平成30年

⑩ 没70年　飛田周山展　五浦に学んだ画家たち　　　　　　　　　　　　平成27年

⑪ ジョイフル北茨城　人物列伝　飛田周山　　周山会会長　丹孝次郎　　　昭和58年

⑫ 菱田春草とその時代　　勅使河原　純　　　　　　　　　　　　　　　　昭和57年

⑬ 菱田春草　別冊太陽　　監修/鶴見香織　　　　　　　　　　　　　　　平成26年

⑭ もっと知りたい菱田春草　　尾崎正明/鶴見香織　　　　　　　　　　　平成25年

⑮ 横山大観伝　　茨城県横山大観伝記編纂委員会　　　　　　　　　　　　昭和34年

⑯ 茨城大学五浦美術文化研究報（第9号）　岡倉天心誕生百二十年記念特集号　昭和57年

⑰ 茨城大学五浦美術文化研究報（第10号）＜五浦と天心（26-61）＞　　後藤末吉　昭和60年

⑱ 茨城大学五浦美術文化研究所紀要(4)＜天心と釣り（41-53）＞　　後藤末吉　平成10年

⑲ 五浦細見、五浦細見（Part―Ⅱ）　　川崎　勝男　　　　　　平成6年、平成8年

⑳ 唯従自然　　東　龍太郎紙碑（東先生と岡倉天心遺跡）　　緒方廣之　　昭和60年

㉑ 野口雨情伝　郷愁と童心の詩人　　野口不二子　　　　　　　　　　　平成24年

㉒ 若き日の野口雨情　　大嶽浩良/中野英雄　　　　　　　　　　　　　　平成28年

㉓ 野口英吉（雨情）の年譜　　安部憲夫　　　　　　　　　　　　　　　平成27年

㉔ 野口雨情顕彰会誌　雨情　誕生120年記念特集号（第3号）　　　　　　平成14年

㉕ 野口勝一の人と生涯　　森田美比　　　　　　　　　　　　　　　　　平成15年

㉖ 図説北茨城市史　　北茨城市史編さん委員会　　　　　　　　　　　　昭和58年

㉗ 北茨城市史　上巻　　北茨城市史編さん委員会　　　　　　　　　　　昭和63年

㉘ 北茨城市史　下巻　　北茨城市史編さん委員会　　　　　昭和62年（注）発行年逆転

㉙ 北茨城市史　別巻２/別巻９　　北茨城市史編さん委員会　　昭和59年/平成13年

㉚ 北茨城史壇　創刊～12　　北茨城市史編さん委員会　　　　昭和56年～平成7年

㉛ 郷土北いばらき　　北茨城市郷土史研究会　　　　　　　　平成16年～平成19年

㉜ ときわ路　創刊～9　　吉田昇平/編　　　　　　　　　　　昭和55年～昭和58年

㉝ 北茨城名士録（明治百年記念）　　鈴木北州（北いはらき新聞社）　　昭和42年

㉞	平潟村誌（別冊もあり）　　鈴木秀輔/編	昭和54年複製
㉟	常陸多賀郡史　　茨城県多賀郡編纂	平成4年
㊱	高萩市史　　高萩市史編纂専門委員会	昭和56年
㊲	十王町史	
㊳	白河市史　　白河市編纂	平成19年
㊴	白河結城文書　白河集古苑　　白河市教育委員会	平成5年
㊵	棚倉町史　　棚倉町教育委員会/編	昭和52年
㊶	塙町史　　塙町/編	昭和61年
㊷	いわき市史　　いわき市史編さん委員会	昭和50年
㊸	仙台市史（近世）　　仙台市史編さん委員会	平成12年〜平成15年
㊹	常州平潟の仙台陣屋　　雫石太郎	昭和11年
㊺	横須賀市史（市制80周年）　　市史編さん委員会	昭和63年
㊻	歴史地理学野外研究（14）　　加藤晴美	平成22年（2010年）-03
㊼	浜通り風土記　蛭田耕一	平成6年
㊽	街道の日本史13（北茨城・磐城と相馬街道）　　誉田宏・吉田仁作	平成15年
㊾	窪田藩の研究　　甲高　武雄	昭和51年
㊿	いわき市勿来地区地域史1〜3（上巻、下巻）地域史編さん委員会	平成24年〜平成26年
51	鮫川流域の群像　　中村広寿	平成17年
52	鮫川の晩鐘　　荒川禎三	昭和38年
53	勿来みやげ（表紙：馬上の八幡太郎義家）	明治35年初夏
54	佐竹一族の中世　　高橋修　編	平成18年
55	車城　　滑川光潤	平成21年
56	中世の常陸・南奥と大塚氏　　大塚久	平成20年
57	高萩の歴史散歩　　高萩郷土史研究会	平成10年
58	霊山浄土への道　　大塚山　成顕寺　　鈴木日有/鈴木順隆	平成11年
59	常陸大津の御船祭　総合調査報告書　　北茨城市教育委員会	平成27年
60	北茨城市平潟町における漁業地域の構造変容　　地域研究年報34	平成24年
61	茨城県北茨城市平潟町の生活と民俗　筑波大学人文　比較文化学類	平成25年
62	平潟あたりの歴史探訪―江戸時代・明治時代　　鈴木禎	平成29年
63	ノスタルジック平潟　今昔物語（その1,2）　　菊地半　びばじょいふる編集室	平成4年
64	平潟の石塔・石碑　　沼田章	平成12年
65	郷土（関本）の石塔・石碑　　関本中学3年生	昭和55年
66	平潟小学校ホームページ　　平潟小学校	平成30年
67	半パ人生　　岩上妙子（平潟八幡様出身、参議院議員）	昭和57年
68	『明治元年　平潟港霧深し』（郷土史の一資料）　北茨城市立小川小学校　山名巍	

㋺ 福島の戊辰戦争　　安斎宗司　　　　　　　　　　　　　　　　　　　　　昭和 56 年

㋭ 長塚　節全集第 2 巻（隣室の客・才丸行き）　　長塚節　　　　　　　　　昭和 52 年

㋬ 被災した歴史資料が語る北茨城市の歴史講演会レジュメ集（茨城史料ネット）　平成 26 年

㋷ 映画「天心」　　監督：松村克弥　　　　　　　　　　　　　　　　　　　平成 26 年

㋠ 茨城県近代美術館所蔵　　五浦の作家（著作権申請許可）　　　　　　　平成 30 年 9 月

㋓ 環境とカウンセラー「東日本大震災を風化させない」　　小峰隆次　　　　平成 26 年

五浦時代の岡倉天心を支えた人々と
北茨城市平潟町の今昔

発　行　2018 年 11 月 20 日

定　価　本体 1200 円＋税

著　者　小峰隆次

発行元　株式会社蒼海出版

　　　　〒162-0807 東京都新宿区東榎町 10-3　市川ビル 2F

　　　　TEL 03-3268-4146　FAX 03-3268-5263

印刷・製本　音羽印刷株式会社

　　　　〒162-0807 東京都新宿区東榎町 10-3　市川ビル 2F

　　　　TEL 03-3268-1440　FAX 03-3268-5263